AF321314

L'UNIQUE MOYEN

DE SOULAGER
LE PEUPLE,
ET D'ENRICHIR
LA NATION FRANÇOISE.

On y propose, entr'autres choses, d'augmenter les Prairies, & de faciliter le Commerce par la navigation dans le Royaume ; Un nouveau Plan de Commerce pour les Grains, à l'avantage du Cultivateur, du Consommateur, & de l'Etat en général; Un Projet d'embellissement & d'une grande utilité pour la Ville de Paris ; Une Méthode simple de faire de grandes Routes, & de les entretenir sans la charge des corvées ; Un nouveau Systême de Voitures publiques plus commodes & moins coûteuses, &c. &c.

Par M. de G**; *gayon*.

A PARIS;

Chez ANTOINE BOUDET, Imprimeur du Roi, rue Saint-Jacques.

————————

M. DCC. LXXV.

Avec Approbation, & Privilége du Roi.

AVANT-PROPOS.

LOrsque Christophe Colomb proposa à l'Espagne la conquête d'un nouveau Monde, le siecle d'alors étoit-il aussi éclairé que le siecle d'aujourd'hui? Ce projet avoit-il en soi le moindre degré de probabilité, avoit-il une apparence de possibilité comparable à celle du projet que l'on propose dans ces Mémoires? Non sans doute.

Quand même on auroit reconnu toute la possibilité d'une pareille conquête dans l'exécution, il y avoit des mers d'une étendue immense à traverser, & une infinité d'écueils à craindre, qu'on ne connoissoit pas. Il falloit se transporter dans des climats auxquels on n'étoit point fait, il falloit combattre des Peuples nombreux & les subjuguer, avant d'avoir la possession de leur territoire. Quelles difficultés, quelles dépenses devoient se

préfenter à l'efprit de ceux à qui fut pro•
pofée cette hardie entreprife ! Malgré
tous ces obftacles , & tant de bonnes
raifons qui devoient diffuader de la réuffite , la propofition fut acceptée. On y
employa des vaiffeaux , des hommes &
des fonds qui étoient alors confidérables,
& qu'on devoit regarder comme bien
témérairement hazardés. Enfin la chofe,
contre toute vraifemblance, a eu un certain fuccès.

Dans la propofition que l'on fait ici
la différence eft bien grande. Il n'y a
point de mers à traverfer ni d'écueils à
craindre. C'eft un pays connu dans lequel
on va fans s'expatrier. C'eft chez nous-
mêmes & fans fortir de nos foyers, qu'on
peut faire pour la France des conquêtes
plus avantageufes que celles de toutes les
Indes. La poffibilité en eft fenfible au
moindre Citoyen , au moindre Géomé-
tre ; l'utilité en eft apperçue du moindre Cultivateur , du plus petit Marchand. Il n'y a point de fpéculateur

ou de raiſonneur en politique, qui ne voie qu'avant vingt ans d'exécution ſuivie de ce projet dans toutes les Provinces du Royaume, on n'y rétabliſſe un meilleur ordre, on ne double, pour le moins, ſes productions en tout genre, & on n'augmente conſidérablement ſa population, ſans troubler aucune Nation.

C'eſt en quelque ſorte faire la conquête d'un ſecond Royaume, ou, ce qui vaut encore mieux, rendre celui de France le plus grand & le plus beau qu'il puiſſe y avoir dans le Monde, de doubler ainſi nos richeſſes & notre puiſſance, ſans faire une dépenſe qu'on puiſſe regarder comme un objet, relativement au profit qui en réſulteroit. Car, dès le commencement même de l'Entrepriſe, on ouvriroit au Peuple les portes du bonheur, les tréſors de la terre & du Commerce ſortiroient de l'engourdiſſement où ils ſont détenus, faute d'action & d'encouragement, les vraies richesses végéteroient, pousseroient leurs rameaux, ouvriroient leurs fleurs, & donneroient leurs fruits presqu'aussi-tôt. Quel heureux siécle ! quel heureux Regne que celui où nous vivrons, si le Roi, en n'écoutant que ses mouvemens paternels, daigne adopter les moyens que lui présentent ces Mémoires, pour éterniser sa gloire & sa bienfaisance !

L'UNIQUE MOYEN

DE

SOULAGER LE PEUPLE,

ET D'ENRICHIR

LA NATION FRANÇOISE.

'EXPÉRIENCE a fait connoître que la prospérité d'une Nation dépend principalement de deux choses, de la nature de son sol, & de son industrie à en tirer parti. Les personnes zélées pour le bien public voient avec regret que loin qu'on se regle en France sur ces deux principes de notre bien-être, on les néglige beaucoup, & on se conduit même d'une maniere qui y est toute opposée. On ne voit tous les jours que des choses qui vont au détriment de nos facultés nationales. La Nature elle-même dégénère, & dégrade insensiblement ce que l'Art a formé avec tant de peine. Nos mœurs, nos usages s'en ressentent, &, qui pis est, nos Loix augmentent les obstacles par les entraves qu'elles opposent à l'industrie humaine ; ce qui met le comble à nos maux.

Tout observateur attentif a remarqué, sans

A iv

doute, que la terre que l'on cultive perd chaque jour de sa qualité. Ses propres productions l'épuisent annuellement. Les eaux de pluie trop abondantes lui enlevent ses sels & son limon nutritif, qu'elles entraînent dans les rivieres & delà à la mer. Il n'en reste presque que la partie aride, grossiere & desséchée ; en sorte que, dans l'état actuel où la trouve le cultivateur, il lui est moralement impossible de lui rendre ce qu'elle a perdu & ce qu'elle perd tous les jours, sans avoir recours à des ressources extraordinaires.

Nos mœurs, que les vices ont tout-à-fait énervées, & qui ont tourné tout notre goût du côté du luxe & du faste le plus outré, attirent depuis long-temps les personnes opulentes dans les Villes, comme étant le séjour de l'abondance & des plaisirs. Toute la substance du corps national s'y porte, & elles sont devenues les gouffres dévorans des richesses & des familles mêmes ; ce qui exténue d'autant les campagnes, où il ne reste plus que de la misere, qui met le peuple cultivateur hors d'état de faire valoir la terre qui nous nourrit tous.

Le plus singulier encore & le plus affligeant dans nos mœurs à cet égard, c'est que ce peuple qui s'occupe à nous fournir notre nécessaire, par un travail des plus pénibles, plus il est misérable, plus il est méprisé & avili par les Citadins & les gens riches. Cette injuste façon de penser devenue presque générale le révolte & le décourage. Aussi voit-on le peuple de la campagne malheureux par état, opprimé par les Grands & méprisé par toutes les conditions qui se croient supérieures à lui, détester son sort, & chercher à s'y souftraire. Il l'abandonne, & souvent préfère d'être domestique, artisan, ou petit Marchand dans les Villes, comptant, par ce changement, éviter les maux dont il voit ses semblables accablés. C'est ce renversement dans l'ordre des choses, qui accélère sa ruine & la nôtre.

Nos Loix, principalement les féodales & les bursales, mettent tout le poids des impôts & des charges sur le misérable Cultivateur & sur l'Artisan, qui fournissent sans cesse à nos besoins, tandis qu'elles en exemptent le Riche & l'homme accrédité, qui devroient en supporter le plus. Comment espérer que l'Etat se soutienne, si cette oppression, qui ne fait qu'augmenter tous les jours, continue de la sorte ? C'est ainsi que tous les grands Empires, qui ont existé avant nous, & dont l'Histoire nous a conservé les événemens, se sont conduits, & peu à peu se sont détruits. Ces révolutions, sans doute, étoient nécessaires, & se trouvoient dans l'ordre de la Providence.

On ne peut se dissimuler que nous sommes menacés de semblables malheurs. Mais, il y a des moyens infaillibles de pouvoir les éloigner encore pendant quelques siécles, si l'on veut en faire usage ; & ces moyens sont, en général, de soulager les malheureux de l'oppression accablante où ils gémissent. Le Ciel semble nous y inviter & nous y favoriser, en nous donnant un Prince qui ne desire que le bien de l'humanité. Hâtons-nous de seconder ses intentions bienfaisantes, en lui préfentant les principaux de ces moyens.

Une chofe dont le peuple a généralement befoin pour l'affaifonnement de fes alimens, c'eft le Sel. L'ufage en eft également nécef-faire au riche comme au pauvre ; & c'eft une denrée qui, par fa nature, doit coûter fort peu. L'eau de la mer le fournit, la maniere de l'en extraire eft facile, & fon tranfport, pour le faire diftribuer dans toutes les Pro-vinces du Royaume, par les rivieres & les canaux, n'eft pas des plus difpendieux, fi l'on profite des temps & faifons favorables. Par un examen réfléchi, mais qui feroit dans ce Mémoire d'un trop long détail, l'Auteur a trouvé, & prouvera, quand on le voudra, que, par le moyen d'une nouvelle régie, on peut livrer dans toute la France, loin comme près de la mer, le fel à trois fols la livre, & que le Roi en retireroit encore plus de 40 millions par an, tous frais déduits ; ce qui, fans doute, lui produiroit plus que ne lui en donnent les Fermiers actuels.

Ce feroit auffi certainement un grand avan-tage pour le bas Peuple, qui eft hors d'état de payer le fel au prix où il eft aujourd'hui. Son travail ne lui produifant pas de quoi avoir fa fubfiftance, par la cherté exceffive où font toutes les denrées, il ne peut encore affai-fonner les alimens les plus groffiers & les plus infipides, dont il eft forcé de fe nourrir lui & fa famille. Quelle douceur pour lui, s'il pouvoit avoir un peu de fel, qui lui ren-dît fes alimens plus fupportables , & quelle reconnoiffance n'en auroit-il pas envers le

Souverain, qui lui procureroit cet agrément!

Une autre chose devenue indispensable à la majeure partie du Peuple, par le fréquent usage qui lui en a fait insensiblement une nécessité, c'est le Tabac, sur lequel on pourroit procurer le même soulagement, par une nouvelle méthode de régir cet impôt. Le Peuple le payeroit moitié moins, & le Roi en retireroit infiniment plus qu'il n'en retire. On ne verroit plus, par rapport à ces deux objets, tant de gens entreprendre témérairement la fraude des droits & la contrebande, en y risquant leur fortune & leur vie même.

Mais, si l'on accordoit au Peuple un troisieme moyen de soulagement, qui seroit de supprimer tous les droits d'entrée & de sortie de Province à Province & dans les Villes; ce seroit pour le Commerce & pour le Peuple cultivateur le plus grand bien qu'on puisse jamais lui faire. Et quel avantage considérable n'en résulteroit-il pas encore de pouvoir débarrasser l'Etat de cette foule prodigieuse de Gardes & de Commis, qui consomment la plus grande partie de la recette, & qui deviendroient alors inutiles. On éviteroit par-là un embarras & une dépense immense ; la liberté & la tranquillité publique n'en seroient plus troublées, & les progrès de l'Agriculture & du Commerce n'en seroient plus arrêtés.

Ces trois principaux objets, que l'Auteur a traité par détail dans un Mémoire prêt à être présenté au Ministere, lorsqu'il le desirera, donneroient au Roi un revenu sûr & réel de plus de 130 millions tous les ans ; ce qui soulageroit les Peuples de plus de 200 millions

qu'ils payent en fus de ce que le Roi en retire actuellement. C'eft ce que le détail, trop long pour
être inféré ici, fera connoître d'une maniere clai-
re & établie par des faits, qui détruiront tous
les doutes. Nous fommes fous un Regne, où il
eft permis de dire la vérité ; c'eft même un
crime de la taire, lorfque le bien de l'Etat
& la gloire du Souverain y font intéreflés.
En me conduifant ainfi, je ne crains point
d'être blâmé. Je ne ferai donc pas difficulté
de m'étendre encore ici fur quelques parties
effentielles des moyens propres à augmenter
confidérablement les richeffes de la Nation.

Une multitude d'Ecrits fur cette matiere
ont, depuis quelques années, occupé nos pref-
fes, & fatigué nos Lecteurs oififs, fans avoir
procuré le moindre changement à la fituation
des affaires publiques. Jamais l'Agriculture &
les Arts ne fortiront de leur état de langueur,
fi le Gouvernement ne s'y intéreffe véritable-
ment, pour animer & encourager les Cultivateurs & les Artiftes. Il faut quelque chofe
de plus que des Livres & des Académies ou
Sociétés de Spéculateurs fans pratique : ce
font les expériences faites en grand dans les
Provinces, & non dans des jardins, qui font
effet fur les Cultivateurs. Ce ne fera que par
des preuves évidentes du fuccès dans leur
genre, qu'ils fe tireront de l'engourdiffement
où les retient, foit le défaut de moyens pour
entreprendre un nouveau travail, foit la crainte de n'y pas réuffir. Si l'on met en pratique
le Plan que je vais propofer, il fera, j'ofe le
dire, très-propre à opérer ce grand changement.

C'eft une maxime indubitable que toute bonne culture dépend de l'intelligence du Laboureur, & que ce qui y contribue le plus, eft la quantité qu'on peut entretenir de beftiaux propres au labourage : ce font eux, foit chevaux, foit bœufs & autres, qui font le travail & l'amélioration des champs, par tous les ouvrages auxquels on les emploie, & par les fumiers qu'ils produifent. Mais, pour nourrir tous les beftiaux néceffaires à un bien de campagne, afin d'en mettre les terres fouvent arides & détériorées dans un état de bon rapport, il faudroit avoir fix fois plus de fourrages que n'en ont communément les Fermiers & Métayers, & que la nature de leur terrein ne leur permet d'avoir. Comment donc fe procurer ces fourrages ?

Ce ne peut être que par le moyen des eaux de fources, de ruiffeaux & de rivieres; car les prairies artificielles font de peu de valeur dans un pays fec & chaud, fans des arrofemens abondans. L'expérience fur cela a bien défabufé des perfonnes, qui ont trop crédulement fuivi les idées de quelques Auteurs peu expérimentés. Sans le fecours des eaux employées & diftribuées à propos, on ne peut fe flatter de réuffir avec avantage dans ces fortes de prairies.

Maïs, pour avoir l'eau dont on auroit befoin, tout y eft contraire. Chaque Propriétaire eft jaloux de celle qui eft en fa poffeffion, & la refufe à fon voifin, s'il peut l'en priver. Ceux qui ont des prairies ne voudroient pas que d'autres en puffent faire de nouvelles, de crainte que leur revenu n'en diminuât. Ceux qui ont des Moulins détournent tant qu'ils peuvent les eaux des prés des particuliers, pour les faire venir à leurs Moulins. Enfin, les Voituriers par eau s'opposeront à ce que l'on fasse des saignées, qui détournent une partie des eaux des rivieres, pour arrofer les plaines ; ils diront que la navigation en fera ralentie ou même interrompue.

Qui pourra donc vaincre de si grands obstacles, & parer à tant d'inconvéniens, capables de rebuter d'une entreprise, qu'on sent d'ailleurs devoir être si avantageufe pour l'humanité ? On ne fache pas qu'on ait encore propofé aucun moyen pour en venir à bout ; c'est pourquoi l'Auteur va hazarder ici fes idées fur cela, dans la confiance où il est que le Miniftere actuel, qui s'occupe du bonheur du Peuple, applaudira du moins à son zele, & adoptera peut-être fes moyens, s'il les préfente fous un point de vue, où l'on puiffe voir clairement l'utilité du projet, & la poffibilité de l'exécution.

Pour premier effai de cette entreprise, l'Auteur propofera le cours d'une petite riviere, dont le local lui est connu, parce que c'est fon pays natal. Cette riviere est le Drot, qui prend fa fource à Montpenfier en Périgord, & va fe jette dans la Garonne à Gironde. Elle parcourt une étendue de pays de 14 à 15 lieues en longueur, dans une plaine excellente pour y pouvoir faire des prairies artificielles, par le moyen des irrigations des eaux de cette riviere, qui n'est ni navigable, ni même flottable, à caufe des Moulins qui font conftruits deffus, & qui font d'une nécessité indispensable pour la moûture des grains du pays. La largeur de cette plaine peut être, au moins, de six à sept cens toises ; & on y pourra faire arroser plus de vingt mille arpens, dans un climat tempéré, où les arrosemens deviendront très-fructueux, en se servant des eaux de cette riviere, qui sont très-limoneuses.

Les prés naturels qui sont sur ses bords ne s'arrosent jamais que quand elle déborde, & dans les temps de pluie ; ce qui fait qu'il y en a peu, & qu'ils sont généralement mauvais. Cependant tout le pays qui avoisine cette riviere seroit d'un grand rapport en grains, s'il y avoit une plus grande quantité de fourrages pour y élever & nourrir un plus grand nombre de bêtes à cornes. Ces animaux par eux-mêmes donneroient un grand produit, ils cultiveroient & amélioreroient les terres, qui rendroient par leurs productions le triple du revenu actuel. Il y a une étendue de terrein sur la droite & sur la gauche de cette plaine, qui ne reçoit qu'une culture imparfaite, faute d'y avoir de la nourriture pour le bétail. S'il y en avoit abondamment dans le pays, & qu'on pût avoir le foin à raison de quinze liv. seulement le millier pesant, les Colons viendroient volontiers en chercher.

Les particuliers qui sont dans le cas d'avoir de mauvais prés ou de mauvais pâturages, les défricheroient pour les changer de nature & les convertir en grains, dont la valeur leur fourniroit de quoi acheter dans la plaine des foins, qu'ils y trouveroient à meilleur marché. Ils auroient de plus les pailles provenant de ces nouvelles terres, qui leur serviroient à aug-

menter les fumiers si nécessaires pour augmenter le produit des récoltes, qui, avec celui
des bestiaux, enrichiroit dans peu tout le pays.
Vingt mille arpens de nouveaux prés seroient
en état de nourrir quarante mille têtes de
bêtes à cornes qui fourniroient à l'approvi-
sionnement de Bordeaux & même de Paris,
par le moyen des Marchands Limosins qui
viennent les acheter pour les engraisser dans
leur pays, & les mener ensuite à Poissy.

Cette idée est grande, sans doute, si elle
étoit mise en pratique dans la plupart des
Provinces du Royaume. Mais elle offre une
foule d'obstacles & de contradictions, que l'on
va tâcher de dissiper, en proposant

1°. De faire à tous les Seigneurs & autres
Propriétaires des Moulins, une rente annuelle
& perpétuelle en grain, équivalente à ce qu'ils
en retirent dans l'état actuel des choses. Par
ce moyen, ils se trouveroient débarrassés des
grosses réparations qui y sont toujours con-
sidérables, & n'auroient plus à craindre l'in-
solvabilité de leurs Fermiers, parce que toute
l'entreprise assureroit leurs rentes, & ce parti
leur seroit très-avantageux.

Comme la plupart de ces Moulins se trouvent
mal placés, ils seroient tout-à-fait nuisibles au
projet d'arrosemens ; d'ailleurs, ils deviennent
insuffisans pour fournir à la moûture des grains
du pays, dans les temps de sécheresse & de
disette d'eau. Au lieu qu'en élevant, par le
moyen des canaux d'irrigation, les eaux sur
les côteaux, les moulins qui seroient construits sur ces canaux auroient huit fois plus de
chûte, & il faudroit huit fois moins d'eau pour

les

les mettre en mouvement. Les canaux fer-
viroient encore à la navigation, pour tirer les
bois, les vins & autres denrées du pays, qu'on
pourroit faire voiturer par terre dans les Villes & les plaines voisines, où le débit en seroit
avantageux.

2°. D'ordonner à tous les Propriétaires qui
se trouvent avoir des fonds dans la plaine
destinée aux prairies, en exceptant les jardins
& les chénevieres, de les convertir en prés,
pour être arrosés par les eaux qu'on tireroit
des canaux. Comme le produit de ces prés
seroit infiniment supérieur à celui de toute
autre denrée, le revenu de ces fonds se trouveroit plus que triplé.

Mais, pour dédommager les Entrepreneurs
des canaux & des rigolles d'irrigation, il seroit ordonné que l'augmentation du produit
que ces terres converties en prés, au moyen
des arrosemens, rapporteroient au-delà du revenu auquel la terre auroit été évaluée, seroit partagée entre le Propriétaire du fonds &
les Entrepreneurs ; de maniere que si l'arpent
de pré produisoit en foin, comme il n'est pas
douteux, 60 liv. de plus que par la culture
actuelle, les Entrepreneurs auroient 30 liv.
pour leur part dans ce bénéfice : si mieux n'ai-
moient les Propriétaires partager le foin en
nature dans le pré, après avoir été fauché en
fenille. On en formeroit alors trois tas ou
meules, dont le Propriétaire auroit deux, tant
pour le produit actuel de son fonds, que pour
l'augmentation qui y seroit survenue, & les
Entrepreneurs auroient la troisieme part.

Après la premiere herbe fauchée, le regain

& le pâturage appartiendroient encore au Propriétaire , pour le remplir des frais de fau-
chaison , s'il les avoit faits, & du foin qu'il
auroit pris de faire arrofer les prés avec les
eaux des canaux fupérieurs, ce qui néanmoins
feroit laiffé à fa volonté ; mais, dès qu'il y
verroit un bénéfice confidérable, il ne fe re-
fuferoit jamais à ce marché.

Il eft affez rare que le meilleur fonds mis
en feigle & même en froment , lorqu'on en
déduit le coût de la fémence , les frais de
culture & ceux de la moiffon , les récoltes
ne fe faifant qu'une fois en deux ans, produife chaque année 20 liv. par arpent de
mille toifes quarrées. Quand on a prélevé
toutes les dépenfes , il en refte bien peu à
celui qui ne cultive pas fon bien lui-même.
Mais, qu'il y ait dans un arpent de cette étendue fix milliers pefant de foin, à raifon de
15 liv. le millier, ce fera 90 liv. tous les ans.
Sur quoi on retranchera 20 liv. pour le produit naturel du fonds. Il reftera 70 liv. d'augmentation fur ce fonds, qui feront à partager entre le Propriétaire & les Entrepreneurs.
Ce qui fera 55 liv. par an pour le Propriétaire
de cet arpent, qui, auparavant lui produifoit
à peine 20 liv.

On peut faire fur le cours de la riviere du
Drot, où l'on propofe d'effayer l'entreprife,
dix mille arpens de prés de cette nature, &
dix mille autres de luzernes ou trefles, qui fe
fauchent dans ce pays quatre ou cinq fois par
an. Si l'on fait arrofer feulement une fois en
huit jours ces prés artificiels , il eft certain
qu'ils produiront le double, c'eft-à-dire , 180

liv. par arpent ; par conséquent ce feroit comme s'il y avoit quarante mille arpens de près
de la premiere nature, à 70 liv. d'augmentation par arpent ; ce qui feroit deux millions
huit cens mille livres de nouvelles richeffes
pour ce petit canton. Et ces richeffes pour-
roiént être triplées, én faifant confommer ces
fourrages dans le pays, pour y nourrir & élever
des beftiaux, qui cultiveroient, amélioreroient
à plus de deux lieues de droite & de gauche
des terreins auxquels il ne manque que la culture & l'amélioration.

Si les Propriétaires vouloient s'exempter
de cette efpece de fervitude, de partager fur
le champ même l'augmentation de fon produit,
il leur feroit libre de s'en racheter, en donnant
le capital de la moitié de cette augmentation
une fois payé fur le pied du denier dix-huit.
C'eft-à-dire que, fi l'amélioration que le fonds
d'un Propriétaire aura reçue , peut donner
année commune 30 liv: pour fa part , & autant
pour celle des Entrepreneurs, par arpent de
1000 toifes quarrées, ce Propriétaire payera
une fomme de 540 liv. pour recueillir feul
tout le produit, fans le partager, & jouir toujours de la même quantité d'eau fur fon fonds.

Il feroit de l'avantage de l'Etat que perfonne
n'eût rien à percevoir fur les biens fonds ;
qu'il n'y eût que le Roi qui eût le droit d'exiger pour tout impôt fur les biens de chaque
Cultivateur une portion fixe de fon revenu,
comme cela fe pratique dans tous les Royau-
mes de l'Afie, telle que feroit une dîme de
14 ou 15, un pris toutes les années fur les
productions quelconques du territoire d'une

Paroisse. Mais il faudroit aussi que cette dîme, une fois fixée à une somme dans chaque Généralité & dans chaque Paroisse fut levée par les habitans des Paroisses mêmes. qui en seroient tenus solidairement, & en feroient le payement par leurs mains au receveur de leur Généralité. Par ce moyen, l'impôt territorial ne causeroit aucuns troubles ni aucuns frais dans sa perception ; & le riche comme le pauvre payeroient leur tribut au Roi en proportion exacte de leurs revenus. L'Auteur a traité cet article d'une maniere particuliere, & il le communiquera au Ministere, s'il paroît le desirer.

Pour revenir à l'objet actuel du projet d'amélioration , il est facile de concevoir que l'eau de la riviere du Drot seroit conduite par des canaux d'irrigation au niveau , & qu'on l'éléveroit autant qu'on le pourroit, pour embrasser à droit & à gauche le plus de terrein qu'il seroit possible. Il y auroit un de ces canaux qui seroit destiné à la navigation, pour le transport des denrées qui se feroit, par son moyen, jusques à la Garonne.

Les eaux de ces canaux ainsi élevées, on seroit en état de construire de nouveaux Moulins, qui, ayant six fois plus de chûte que les anciens , n'useroient que la sixieme partie de l'eau qu'ils consomment aujurd'hui. Il y auroit de l'eau de reste pour fournir à tous dans les temps des plus grandes sécheresses, parce qu'elle se trouveroit mieux ménagée. Le canal & les nouveaux Moulins étant à la charge des Entrepreneurs qui payeroient la rente aux Propriétaires des anciens Moulins détruits, ces Entrepreneurs auroient en

toute propriété la pêche de leurs canaux &
les autres revenus provenans de la navigation,
parce qu'ils auroient acheté le terrein où tous
ces canaux & ces rigolles paſſeroient, en
payant ces fonds un tiers en ſus de leur juſte
valeur.

Ces fonds de terre devenant ainſi d'un grand
produit, par les irrigations, par l'amélioration,
& par une culture plus aiſée, comme il réſulteroit infailliblement de ce projet, les Seigneurs de fiefs y trouveroient un profit conſidérable par l'augmentation qui ſe feroit de
leurs droits dans les ventes & autres mutations
de ces fonds, proportionnément à l'augmentation de leur valeur. Quant à l'Etat, il retire toujours un profit certain, lorſque le
Peuple peut améliorer ſes fonds, & rendre
ſa condition plus avantageuſe. La Population,
le Commerce, tout s'en reſſent, tout reprend
vigueur, & les deniers royaux en ſont mieux
payés.

Il n'y a réellement que ce moyen, qui puiſſe
faire revenir l'abondance dans les Provinces,
en rétabliſſant la nature des terres qui ſe dé-
grade tous les jours, & l'eſpece des hommes
qui dégénère ſenſiblement. De cette abondance, il s'enſuivroit un grand encouragement dans les Arts & les Manufactures, &
tout le monde profiteroit de cette fertilité
générale.

Mais, qui ſera le premier à mettre des fonds
dans une affaire ſi peu connue & ſi peu à portée de ceux qui ont l'argent ? Ce ne ſeront
pas les Financiers, qui ne connoiſſent point
ces ſortes d'emplois ; ce ne ſera pas la Na-

bleffe, qui, pour la plus grande partie, eft toujours dépourvue d'argent : ce fera encore moins le Bourgeois-Marchand, qui met fon argent dans le Commerce, & qui fait fon féjour dans les grandes Villes, où il eft occupé d'autres chofes. Ceux qui habitent la campagne, & qui peuvent avoir quelqu'argent, ne cherchent qu'à y augmenter leurs domaines, & font à l'affût des terres que de miférables familles font forcées de vendre, pour payer leurs dettes, ou fe fuftenter. Cependant, il faudroit quelques fonds, pour effayer une entreprife de cette importance, la mettre dans tout fon jour, & engager par-là le Public à s'y intéreffer.

Il n'y a que le Gouvernement qui foit dans le cas de faire un femblable effai, & de donner à ce Projet une évidence, qui en mette la réuffite hors de tout doute. Il ne faudroit au plus que cinq à fix cens mille livres, pour l'exécuter d'abord fur trois lieues de longueur feulement, dans le Canton que nous avons propofé, en commençant par Gironde, & remontant du côté de Montfégur & de Duras. Le Roi retireroit dix pour cent de ces premiers débourfés fur le produit de l'Entreprife, quatre ans après que les ouvrages auroient été commencés, & les prairies mifes en valeur.

Il faudroit ordonner, par l'Edit de cet Etabliffement, que ceux qui voudroient y placer des fonds, recevroient, fur les revenus qui en proviendroient, dix pour cent de leurs capitaux à perpétuité, par forme de rente, qui feroit rembourfable fur le pied du denier trente-six du capital qui auroit été fourni : c'est-à-dire, que le remboursement d'une action de 2000 liv. seroit de la somme de 3600 livres ; & pendant tout le temps que ces fonds seroient dans l'Entreprise, & qu'on en paieroit la rente au denier dix, le Roi s'engageroit à ne jamais prendre sur ces rentes aucune taxe ni retenue quelconque.

Rien ne donneroit plus d'émulation à toutes les Provinces du Royaume qu'un pareil essai fait avec tant d'avantages. Les Pays d'Etats s'efforceroient d'exécuter la même entreprise par-tout où elle seroit praticable chez eux : les autres Provinces à l'envi employeroient le même moyen pour augmenter leurs richesses ; & ce moyen d'ailleurs seroit d'une grande ressource pour le bas Peuple, qui seroit occupé aux excavations des canaux & rigoles, à la construction des nouveaux Moulins, & aux Ecluses nécessaires pour la descente & la remonte des bateaux.

Tous ces travaux, qui tendent au soulagement & au bien-être de la Nation, seroient infiniment plus utiles que tous ces magnifiques bâtimens que l'opulence éleve tous les jours dans les Villes, & qui, par leur faste excessif, entraîneront avec eux la Nation dans leur chûte : au lieu que les ouvrages que l'on propose ici, répandroient par-tout une fertilité & une aisance au-dessus de toute expression. Le transport des denrées jusques aux grandes rivieres seroit facile par la navigation des nouveaux canaux ; la remonte des

fels coûteroit peu ; tout le Royaume acquer-
roit une aifance dans les vivres , & dans le
Commerce , qui éleveroit la Nation au plus
haut degré de richeffes & de puiffance.

C'eft alors qu'on n'auroit plus à craindre
que le fafte de nos Villes devînt nuifible à
nos campagnes , qui feroient , pour ainfi dire ,
vivantes par elles-mêmes , & , par-là , à l'abri
de la mifere , ainfi que de la contagion des
mœurs vicieufes , qui fe gliffe toujours où la
mifere accable les hommes. Le Peuple ne fe
reffentant plus des maux où il languiffoit ,
l'efpece , qui en a fi fort dégénéré , fe releve-
roit , & l'on ne craindroit plus de fe repro-
duire. Les terreins les plus arides feroient mis
en valeur , par le moyen des foins qu'on y
tranfporteroit pour y élever du bétail , qui
cultiveroit & amélioreroit les fonds les plus
ingrats.

La navigation de tous ces divers cantons
d'irrigation donneroit de la valeur aux bois ,
qui fe détruifent tous les jours par les beftiaux qu'on eft forcé d'y laiffer paître ; ce
qui n'arriveroit pas , fi l'on avoit de quoi les
nourrir abondamment. Les particuliers voyant
les bois devenir une marchandife de prix , les
conferveroient , les feroient cultiver , & en
éleveroient même de nouveaux dans les endroits où la culture des grains ne feroit pas
fi favorable ; parce que lés Villes & les Pays
habités fur les grandes rivieres en confommeroient beaucoup.

C'eft de cette maniere qu'une Nation , qui
a le bonheur d'être fecondée par le Souve-

rain, qui en eſt le pere, ſe releve bientôt de ſon abattement, & proſpère d'une façon à faire honneur au Gouvernement qui ne néglige rien pour l'encourager. Il ne s'agit que de mettre la main à l'œuvre, pour exécuter le plan que l'on vient de propoſer. Il eſt d'une évidence certaine que c'eſt l'eau de nos rivieres & de nos ruiſſeaux qui peuvent augmenter nos prairies en France, ſans cauſer le moindre préjudice à la navigation & aux moulins, ſuivant les moyens ci-deſſus. Il eſt de même démontré que ce ſont les prairies qui ſervent à la nourriture du bétail de toute eſpece ; que ce bétail fait la richeſſe du Laboureur ; qu'il augmente l'abondance des grains & des autres productions néceſſaires à la vie de l'homme, en même temps qu'il fait ſa nourriture & fournit à tous ſes autres beſoins par les Fabriques & le Commerce. Si l'on perd ce principe de vue, l'Auteur ſoutient, avec la plus grande douleur, que tout eſt perdu.

Si ce projet eſt goûté & agréé du Gouvernement, on s'étendra davantage ſur la maniere de faire ces ſortes d'irrigations, avec des détails eſſentiels pour diſtribuer avec art les eaux ſur les terreins qui ſeront deſtinés aux prairies : car, ſans ces moyens bien expliqués & mis en pratique, pour inſtruire ceux qui ſeront chargés de la conduite de ces entrepriſes, les ouvrages pourroient être manqués ou devenir infructueux. Il faudroit même établir comme une Ecole, où les perſonnes qui ſe deſtineroient à remplir cet objet, puſſent en faire une eſpece d'apprentiſſage. C'eſt

pourquoi l'Auteur propose dans un Mémoire
ci-joint, un projet d'Établissement à la Porte
de Paris, qui, en augmentant la beauté & la
commodité de cette Capitale, rendra encore
ce service au Public.

ESSAI

SUR

LA THÉORIE ET LA PRATIQUE

DU

COMMERCE DES GRAINS

EN FRANCE;

Avec les moyens les plus propres à remédier
aux abus & aux inconvéniens.

Par M. DE *G**.*

AVERTISSEMENT.

LE Gouvernement , qui s'occupe de l'ordre & de la police dans le Commerce des Grains , comme étant la bafe de tout autre Commerce , ne dédaigne pas les Obfervations que peuvent lui faire des Citoyens zélés pour le bien de la Patrie. C'eft ce qui engage l'Auteur de cet Effai à prendre la liberté de lui préfenter avec confiance des idées neuves fur cet objet , qu'une expérience de plus de trente années lui ont fournies , pour concilier , autant qu'il eft poffible , les intérêts du Cultivateur , du Fabricant , & du Commerçant , de qui émanent nos richeffes & la puiffance de l'Etat.

L'Auteur n'a pas la préfomption de croire que le Miniftere ait befoin de fes lumieres fur ce fujet ; il fait quelle eft fa fagacité & fon zele à feconder

les inclinations bienfaiſantes du Souverain. Il ne donne cette eſpece de cro-
quis, que parce qu'il le croit relatif aux
vues préſentes du Gouvernement , &
par le deſir de lui être de quelqu'utilité,
s'il le juge digne de ſon attention.

ESSAI

SUR

LA THÉORIE ET LA PRATIQUE

D U

COMMERCE DES GRAINS

EN FRANCE.

Observations sur le Commerce des Grains.

IL paroît tous les jours un grand nombre d'Ecrits sur le Commerce des Grains ; mais on n'en voit point qui nous indique les véritables moyens de remédier aux abus , qui causent tant de désordres aujourd'hui dans le Royaume. La plûpart de ces Auteurs détaillent assez bien le principe du vice ; mais quand il en faut venir au remede, leur embarras est des plus grands.

En effet, quelques mesures que le Gouvernement voulût prendre, d'après les divers systêmes qui lui ont été proposés, il n'en trouvera aucunes qui puissent convenir abso-

lument à la France. Les permissions ou les pro-
hibitions momentanées ou perpétuelles que le
Ministere pourroit ordonner dans ce Commerce, ne seront jamais des moyens suffisans
pour établir & conserver l'ordre qui doit re-
gner dans le débit des Grains entre le Cultivateur & celui qui les achete pour sa sub-
sistance.

On convient que si la France étoit comme
la Hollande ou comme l'Isle de Malte, qui
ne produisent point de Grains, & où l'on est
obligé de les tirer d'autres pays, il seroit plus
facile de tenir une balance toujours juste dans
le prix de cette denrée, parce qu'on l'ache-
teroit de l'Etranger qui la donneroit au meilleur marché. Mais, chez un Peuple cultivateur,
qui occupe un sol aussi étendu & aussi peuplé
que l'est celui de la France, & où il y a tant
de personnes qui mettent leur intérêt à trom-
per le Ministere & le Public dans cette partie, il arrivera toujours que le Commerce de
la Nation sera languissant, ainsi que sa Culture & sa Population, tant qu'on n'employera
pas des moyens plus convenables.

Pour s'en convaincre, qu'on entre un peu
dans l'examen de ceux dont on s'est servi jusqu'à présent, on verra combien ils se font
éloignés du tempérament qui pourroit concilier tous les intérêts divers, & empêcher les
mauvais effets de leurs contrariétés.

Par exemple : s'il arrive en France une année d'abondante récolte, & que le Gouvernement en soit bien instruit, sans exagération,
(ce qui est rare), il permettra sans doute
l'exportation ou la sortie des Grains hors du
Royaume,

Royaume, fuivant le vœu des gros Banquiers & autres gens riches. Ces perfonnes s'inté-refferont alors à faire les plus grands enléve-mens qu'il leur fera poffible pour l'Etranger, & de cette façon, on privera le corps natio-nal de fon néceffaire même.

Car, le Marchand fpéculatif, qui a des rela-tions dans tous les climats par fes corref-pondans, prévoit plus fûrement & avec plus de précifion les événemens, que ne fait le Cultivateur, qui fe borne à l'objet de fon état. Si ce dernier vient de recueillir une bonne année, il fera facile de lui perfuader de fe dé-faire de tout le Grain qu'il aura de fuperflu à fon ufage, fi on lui en offre un prix raifon-nable.

Que-rifquent alors les Marchands intelligens, à qui les fonds ne manquent pas, d'arrher tous les Grains d'une Province? Ils feront bientôt maîtres, s'ils le veulent, de tous les Grains du Royaume, avant qu'on s'en foit même apperçu. Ils n'ont qu'à payer comptant le quart qu'ils en-leveront pour le faire paffer à l'Etranger, & de l'argent qu'ils en retireront enlever la moi-tié du reftant, qu'ils tiendront à haut prix dans les marchés. Il mettront ainfi la cherté fur les Grains, à tel dégré qu'ils voudront, au milieu de l'année la plus abondante, & peut-être fans être défapprouvés.

Mais qu'arrivera-t-il delà? C'eft que ni le Cultivateur, ni le Confommateur qui ordinai-rement vit au jour le jour, n'auront point profité de la faveur de l'abondance. Elle n'aura fervi qu'à enrichir le Marchand & ceux qui lui auront fait les avances des fonds, ou qui

C

l'auront appuyé de leur crédit. Cela est bien clair, & il ne peut y avoir aucun doute sur l'événement de cette hypothèse. La malheureuse expérience que nous en faisons depuis plusieurs années, en est une preuve trop convaincante.

Si à la suite d'une année abondante, il en vient une qui ne soit que suffisante à la nourriture du Peuple, le Marchand toujours attentif à ses intérêts, s'empressera d'acheter les Grains à vendre chez les Fermiers & autres Cultivateurs. Il en fera même vendre à bas prix aux marchés, afin d'avilir ceux qu'on vient de recueillir jusqu'à ce que toutes ses emplettes soient faites; & quand il aura tout enlevé, la cherté deviendra à un excès qui mettra le Peuple dans la désolation, parce qu'il ne pourra pas se procurer du Grain à ce prix, pour sa nourriture, ses facultés étant déja épuisées par les années précédentes, & son travail n'y pouvant pas suffire. Il faudra qu'il périsse, ou que le désespoir le porte à quelques extrêmités.

Si la récolte, loin d'être suffisante pour la nourriture du Peuple, venoit à manquer d'un quart, d'une moitié, ou même tout-à-fait, ce feroit alors le comble du malheur, & que le Royaume se trouveroit dans la plus grande crise. Comment est-il possible qu'on ne prévoye pas de pareils maux!

On estime communément que, depuis la derniere paix, la France nourrit plus de 25 millions d'habitans. D'habiles calculateurs trouvent, d'après l'expérience, qu'il faut à chaque individu, pauvre ou riche, petit ou grand ,en les prenant tous enfemble , fept quarterons de pain par jour pour fa nourriture , fans y comprendre celle des animaux qui mangent du pain avec nous, & fans parler des graines farineufes ou légumes, dont fe nourriffent les peuples de la campagne & autres gens de peine, qui, fans cela, confommeroient chacun plus de trois livres de pain par jour.

Que le fetier de bled, froment ou feigle, après en avoir retranché le gros fon & le gruau, ne produife que 220 livres de pain, foit pain fin, foit gros pain, il faudra du fort au foible 660 liv. de pain ou trois fetiers de bled par année pour chaque perfonne, fans compter les Grains qui s'emploient encore à d'autres ufages. Ainfi, pour la nourriture des habitans du Royaume, il eft néceffaire qu'il y ait en France 75 millions de fetiers de Grain tous les ans en froment & feigle à pouvoir être confommés.

S'il y en a une plus grande quantité dans les années abondantes, il y aura alors du fuperflu. Mais, fi l'année vient à manquer du quart ou du tiers, les femences déduites, il faudra retirer de l'Etranger 25 millions ou plus de fetiers de Grain, qu'on lui aura donné de fon fuperflu. Comme on ne fait jamais précifément ce qu'on recueille, on ne peut favoir non plus ce qu'on a de trop ni ce qui peut manquer. Tout cela fe regle fuivant que la denrée a plus ou moins de cours chez les Etrangers. Ainfi, on en fait toujours fortir du Royaume au delà de ce qu'il faut, & l'on occafionne parlà la difette, malgré les récoltes avantageufes & la bonne intention du Miniftere.

Comme il n'y a guères que le tiers des habitans du Royaume qui foit dans le cas de recueillir du Grain & d'en avoir la provifion pour fon ufage, il arrive que les deux autres tiers font obligés d'en acheter pour leur néceffaire. Peu font en état ou dans l'habitude de s'en approvifionner pour l'année entiere; en forte qu'ils ne vivent à cet égard, comme on l'a dit, qu'au jour le jour. On peut donc compter hardiment que, toutes les années, foit abondantes, foit difetteufes, il paffe plus de 50 millions de fetiers de Grain par les mains des Marchands qui achetent pour revendre.

Il leur eft toujours affez ordinaire, comme à tous Marchands, d'acheter à plus bas prix qu'ils ne revendent, fans y comprendre les faux frais ni les déchecs, & il eft certain qu'étant favorifés & appuyés dans leur commerce, ils font plus fûrs dans leurs combinaifons. On feroit trop heureux qu'ayant acheté le Grain 24 liv. le fetier, ils ne le revendiffent que 30 liv. & qu'ils fe contentaffent de 6 liv. de bénéfice; quoiqu'ils n'aient avancé que le quart du prix dans l'achat qu'ils en ont fait en gros chez les Fermiers

C'eft pourtant, fi l'on y fait attention, un gain de cent pour cent, où fur 50 millions de fetiers, ils font un bénéfice de 250 millions de livres, les frais déduits. S'ils ne le font pas, ils ne favent pas leur métier, & s'ils le font, tout le monde criera avec raifon, comme s'ils prenoient l'argent dans la poche du Cultivateur & du Confommateur.

Voilà, en peu de mots, ce que caufe & ce que caufera toujours en France la liberté indéfinie de faire le commerce des Grains, & de pouvoir les acheter chez les Fermiers ou dans les greniers à volonté. Outre que le déplacement de cette denrée, foit qu'on la voiture par terre ou par eau dans le Royaume, ou hors du Royaume en la faifant venir de l'Etranger, l'expofe aux intempéries de l'air, & à l'humidité des mers & des rivieres; ce qui lui fait contracter un mauvais goût, & fouvent la gâte au point qu'elle caufe au Peuple des maladies dangereufes & quelquefois mortelles.

Si, d'un autre côté, l'on défend abfolument l'exportation des Grains hors du Royaume, comme plufieurs le demandent, on tombera dans une extrêmité peut-être plus funefte.

Que l'exportation, par exemple, foit défendue dans une année d'abondance; le Marchand fachant que l'efprit du Gouvernement aura totalement changé, & voyant que le fort de fon commerce ne dépend plus de lui ni de fes correfpondans, ne hazardera pas de faire des emplettes. Le Fermier ne pouvant trouver à vendre fon Grain qu'à bas prix, parce qu'il y en aura quantité par-tout, ne pourra faire l'argent qui lui eft néceffaire pour acquitter fes charges & continuer fes travaux: il fera forcé de négliger fa culture.

Le Peuple vivant alors dans l'abondance, après avoir été dans la mifere, ne voudra plus travailler, qu'on ne lui donne de gros falaires. Furieux, quand il eft dans l'oppreffion, il devient infolent quand il eft dans la profpérité; il fe livre à la fainéantife & à la débauche.

Ce désœuvrement général fera cesser les travaux de la campagne & ceux des fabriques ; ce qui occasionnera, pour les années suivantes, une disette de toutes choses, & plongera l'Etat dans une nouvelle misere, dans un désordre d'autant plus sensible, qu'en sortant d'une situation aisée, on se trouvera tomber dans les horreurs de la famine, parce qu'on aura négligé les moyens de la prévenir. On a vu plus d'une fois de semblables révolutions.

Il faudra alors faire venir à la hâte & à grands frais des Grains de l'Etranger, & consommer en gratifications les trésors du Souverain ; ce qui fera sortir l'argent du Royaume, & épuisera nos principales ressources. Les Grains, d'ailleurs, ne sont pas tout prêts sur nos frontieres ou sur nos côtes. Avant qu'on les ait été chercher, qu'on leur ait fait traverser les mers, & remonter les rivieres, qu'on les ait dispersés par-tout où le besoin en est urgent, le peuple aura tout le temps de périr de misere.

Les Fermiers ainsi que les Propriétaires des fonds de culture & de commerce, n'en seront pas moins malheureux, puisqu'ils ne pourront retirer de leurs fonds de quoi s'acquitter de leurs impôts envers le Roi, du prix de leurs baux, ou de leurs loyers, des gages de leurs ouvriers & domestiques, de l'entretien de leur famille, & d'une infinité d'autres choses indispensables dans leur état. La culture des terres sera négligée par impuissance, de même que l'exercice des Arts les plus utiles. Tout se trouvera en défaillance & dans un découragement général. Il n'y aura que les Marchands de Grains, & leurs intéressés qui s'enrichiront toujours aux dépens de l'Etat, & qui s'engraisseront de la misere du Peuple.

Comment pouvoir remédier à des événemens semblables dans l'un & l'autre syftême? Toute la fageffe humaine, de quelque côté qu'elle fe tourne, fe trouve en défaut. Le fyftême de permettre le commerce des Grains avec toute la liberté poffible, a des inconvéniens cruels ; celui de défendre l'exportation en tout ou en partie a des abus qui ne font pas moins grands, comme on vient de le faire voir. Tous deux conduifent aux extrêmités les plus fâcheufes, fi l'on n'a pas une reffource dont on puiffe faire ufage dans les temps de calamité.

Dans un Royaume auffi vafte que la France, où l'on recueille toutes les chofes de premiere néceffité, qui tient au Continent & à deux Mers, où les tranfports des denrées font faciles, mais coûteux, il faudroit un autre plan de légiflation, du moins fur le commerce des Grains, pour ne pas être continuellement expofés aux maux & aux défordres que caufent les changemens des faifons & les variations dans le commerce général de l'Europe. On ne pourra éviter ces maux, quelque chofe que l'on faffe, qu'en employant d'autres moyens.

L'Auteur en va préfenter ici un, que fon zéle pour fa Patrie lui a fait imaginer. Il paroîtra peut-être un peu compliqué & d'une exécution douteufe quant au fuccès. Il fouhaite de tout fon cœur que quelqu'autre en

C iv

trouve un plus simple, & dont la réussite soit plus certaine. Il n'en fera point jaloux, pourvu qu'on vienne à bout de délivrer les Grains des entraves des Monopoleurs & de la cupidité de nos Marchands, qui arrêtent nos sources productrices, par leurs manœuvres sourdes, oppriment l'indigent, affoibliffent le riche, & jettent toute la population dans la langueur & le dépériffement. Si on les empêche d'exercer leurs talens dangereux, ils crieront fans doute que tout va être renverfé ; mais j'en appelle contr'eux à la voix publique & au véritable intérêt de l'Etat.

Moyens de remédier aux abus & aux inconvéniens.

Pour opérer efficacement l'heureufe réforme que l'on propofe, il faudroit commencer dès à préfent par appaifer le murmure du Peuple. Aux maux violens il faut des remedes prompts & adouciffans. Il eft certain que le pain eft trop cher pour le bas peuple. Comme il y a encore beaucoup de Grains dans le Royaume, on pourroit ordonner à tous les Marchands d'en fournir les marchés au prix que les Grains ont valu avant Noël dernier, avec dix pour cent de bénéfice & les frais de voiture en fus de ce qu'ils les auroient achetés, ou bien taxer les Grains à raifon de 25 liv. le fetier de froment & de 18 liv. celui de feigle, fauf à donner aux Marchands un dédommagement proportionné. Il faudroit auffi les obliger de faire leur déclaration jufte de tout le Grain qu'ils ont en main, fous peine de confifcation au profit des pauvres des Grains qu'ils n'auroient pas déclarés , & qu'on découvriroit leur appartenir. *

Pendant que l'on consommeroit ce Grain, il en arriveroit sans doute de l'Etranger, & le Peuple ne souffriroit pas à la veille d'une récolte, où il faut qu'il redouble de force & de courage , pour faire à la campagne les travaux qu'elle exige , & où il est nécessité de faire une plus grande consommation de pain. Le prix auquel sera réglé le bled du Marchand, servira aussi de regle pour celui des Fermiers & des Propriétaires qui en auront à vendre de leur superflu, & qu'on obligera de même d'en porter aux marchés. On previendra par-là toute émeute & tout excès. Le Peuple aura de quoi vivre, en attendant la nouvelle récolte ou l'arrivée du bled étranger ; & peut-être que, si l'on fait exactement la recherche des Grains, il s'en trouvera en France plus que suffisamment.

Pour éviter dans la suite tout accident à cet égard , on ordonneroit que dans chaque grande Paroisse qui recueille beaucoup de Grain, ou dans chaque petit canton composé de plusieurs Paroisses, dont la récolte particuliere n'est que médiocre, il seroit construit un grenier public propre à contenir 1500 ou 2000 setiers de Grain, lequel grenier seroit divisé en plusieurs parties contenant chacune

---

* Ceci étoit bon il y a deux mois , lorsqu'on écrivoit ce Mémoire , & ce moyen auroit son utilité , si pareil événement arrivoit.

3 ou 400 setiers. Si le projet est approuvé,
l'Auteur donnera le dessein d'un de ces greniers, où il sera démontré que le Grain ne
pourra jamais se gâter, quoique même on ne
l'y remue pas.

Quand cet ordre auroit été établi & exécuté, la Paroisse ou le canton nommeroit
quatre principaux habitans des plus notables,
qu'on appelleroit Syndics des bleds, pour
garder & gérer les Grains qui seroient ap-
portés dans ce dépôt. Car, tous ceux qui
auroient des Grains superflus à leur consommation, seroient invités à les porter au magasin, où on les leur payeroit comptant sur
le pied de 24 liv. le setier de froment pesant
240 livres, qui est la mesure de Paris, & de
18 liv. le setier de seigle du même poids, dans
le cas où ils voudroient vendre, & pourvu que
ces Grains fussent bien secs & bien nettoyés.

Si le bled dans les marchés étoit à un plus
haut prix, il seroit inutile alors de remplir
de Grain le magasin, qui n'auroit été établi
que pour le cas où le Grain vaudroit moins :
& cela, par la raison toute naturelle qu'il
faut laisser le particulier libre de retirer de
son Grain le plus qu'il lui est possible. Mais,
comme l'exportation seroit absolument défendue dans tout le Royaume, jusqu'à ce que
les greniers fussent pleins, pour peu qu'il y
eut de Grains au-delà de la consommation
ordinaire, il est à présumer qu'il ne vaudroit
jamais ce prix au marché.

La prohibition d'exporter subsistante sous
des peines très-rigoureuses, on trouvera sans
doute que le prix que l'on propose ici de

donner aux Grains feroit également avantageux au Fermier & au Confommateur : au
Fermier fur-tout , qui nous les procure par
fes travaux, & qui fe voyant affuré de recevoir dans tous les temps 24 liv. au moins du
fetier de froment & 18 liv. de celui de feigle, argent comptant , fe trouveroit encou-
ragé à en faire venir le plus qu'il lui feroit
poffible ; par-là l'Agriculture fe maintiendroit
en vigueur. Quant au Confommateur, comme
ces magafins ne feroient établis que pour
fournir des Grains à la vente & en faire baif-
fer le prix dans les années difetteufes, il feroit toujours sûr d'en avoir à un prix raifon-
nable , & l'on établiroit pour regle que , quand
les Grains dans les marchés des Villes paffe-
roient 30 liv. le fetier , les dépôts publics feroient ouverts & qu'on les y vendroit 30 liv.
ni plus ni moins.

Le bénéfice qui réfulteroit de cette vente ,
après la déduction faite des faux frais & de
l'intérêt des fonds capitaux, feroit au profit
des particuliers qui auroient mis ce bled
en dépôt au magafin, dont on tiendroit un
regiftre exact , & les prépofés à cette régie
en feroient refponfables même par corps. Ces
faux frais & cet intérêt ne fe monteroient
que rarement à 2 liv. 10 fols par fetier, en
forte qu'il reviendroit au particulier qui auroit
porté fon Grain au dépôt 3 liv. 10 fols au moins
de bénéfice, outre les 24 liv. qu'il auroit déja
perçues en l'y livrant.

Ce bénéfice venant dans un temps où les
récoltes auront manqué , dédommagera le
Fermier des pertes qu'il aura faites. Cette

ressource qu'il recevra dans les années de calamité, relevera sa petite fortune, qui, par-
là, se trouvera toujours à peu près la même,
& ne lui fera pas négliger ses travaux ordinaires. Ce moyen, qui est très-simple & facile
à pratiquer, mettra le Royaume en état de se
passer des Grains de l'Etranger, qu'on ne peut
faire venir qu'à grands frais ; ce qui épuise
toujours la Nation & l'Etat, quand on est forcé
d'y recourir.

Si l'on exécutoit ce plan, le pain blanc de
quatre livres à Paris ne vaudroit jamais moins
de 10 sols & jamais plus de 12 sols dans la plus
grande cherté. Ainsi les ouvriers & le bas
peuple auroient une assurance plus fixe & plus
certaine pour leur nourriture ; & comme c'est
le prix de cette denrée de premiere nécessité
qui regle celui de toutes les autres choses,
tout le commerce intérieur de la Nation se
mettroit à ce niveau. Ainsi, il n'arriveroit
jamais des temps de détresse & de langueur
dans le commerce, & son activité seroit toujours à peu près la même. C'est à quoi doit
veiller tout Gouvernement qui se conduit
avec prudence, s'il veut entretenir la pros-
périté dans l'Etat. Le moindre Politique ne
peut se refuser à l'évidence du succès d'un
pareil moyen.

Comme il ne seroit permis à personne de
sortir des Grains hors du Royaume, que les
magasins ne fussent remplis, & qu'il n'y eût
par-là 40 millions au moins de setiers de
Grain en réserve dans ces dépôts, soit en froment, soit en seigle, il n'est pas douteux
qu'en peu de temps ces greniers seroient pleins.

Quand une fois ils le feroient, on permettroit alors la fortie des Grains pour l'Etranger. Cette fortie fera utile pour tirer parti de notre fuperflu, & pour tenir toujours le prix du Grain à 24 liv. au moins le fetier. Mais, quand on verroit qu'il haufferoit jufqu'à 28 & 29 liv., on feroit alors d'expreffes défenfes d'en fortir davantage fous de griéves peines, qu'on infligeroit fans aucune rémiffion & fans égard pour perfonne. Car, quand on ne punit pas févérement dans ces matieres, on en abufe toujours, & on trouve affez de moyens & d'appui pour éluder la Loi, qui devient alors inutile.

Ceux qui favent la manutention du commerce de la Boulangerie, trouveront que, lorfque le froment eft à 24 liv. le fetier, le Boulanger peut donner le pain blanc à Paris à 2 f. 6 d. la livre, & le pain mollet à 2 f. 9 d. ; le pain dont on n'a ôté que le gros fon, à 2 f. la livre, & celui où on a laiffé le fon, à 1 f. 6 d., en feigle fans fon à 1 f. 6 d., avec le fon à 1 f. 3 d., & ainfi des autres efpeces de pain, en proportion du prix plus ou moins fort que les Grains fe vendent au marché ; en forte que ce même pain blanc à Paris ne doit valoir que 3 f. la livre, quand le fetier de froment fe vend 30 liv.

Il ne refte plus qu'à donner les moyens de trouver l'argent néceffaire, tant pour faire conftruire les magafins avec les moulins qui en dépendroient, que pour payer tous les Grains qu'on apporteroit à ces magafins, jufqu'à la quantité de 40 millions de fetiers, au moins, qui feroient plus de la moitié de la consommation ordinaire du Royaume.

La dépense pour la construction de ces magasins ou greniers publics & des moulins qui y seroient joints, iroit à environ 4000 liv. pour chaque grenier & moulin ensemble. Comme on estime qu'il en faudroit à peu près 25000 répartis dans les différentes Paroisses de campagne de tout le Royaume, cela feroit au total une somme de 100 millions. D'un autre côté, pour faire l'achat de 40 millions de setiers de Grain, tant froment, que seigle, en les mettant l'un dans l'autre à 21 liv. le setier, ce feroit un objet de 840 millions qu'il faudroit trouver. Comment pouvoir se procurer des sommes aussi exorbitantes?

Bien des gens néanmoins pensent que ces greniers publics devroient se faire & se remplir, en payant comptant en argent monnoyé; mais ils ne font pas réflexion que la chose est absolument impossible. Il faudroit, comme l'on voit, près d'un milliard. Où trouver un comptant aussi énorme, qui fait la moitié du numéraire du Royaume? & si on l'employoit à cette entreprise, le Commerce manqueroit par-tout, faute de fonds. D'ailleurs, ceux qui y placeroient leur argent, exigeroient de gros intérêts, qui en absorberoient tout l'avantage. Il faut donc chercher un autre moyen. Il n'y en a point d'autre que d'établir une Monnoie de papier qui soit sûre & solide, telle que nous allons la proposer.

Billets de Monnoie d'une utilité indispensable.

Qu'on ne se laisse pas prévenir contre cette Monnoie de papier, par le préjugé qui subsiste encore contre les anciens billets de banque. Ils seroient d'une nature & d'une solidité bien différentes ; & si l'on a abusé de ces anciens billets, il seroit impossible de le faire de ceux-ci, par les mesures & les précautions que l'on prendroit dans leur fabrication, & que nous allons détailler. Ils seroient de même, & d'une valeur encore plus solide, que les actions de la Compagnie des Indes & tous les autres effets royaux, qu'on ne fait pas difficulté de recevoir dans le commerce.

Le Roi feroit donc fabriquer, pour environ la somme ci-dessus, des Billets de Monnoie de la maniere la moins susceptible de contrefaction. Sur chacun de ces billets, qui seroient d'une grandeur convenable, seroit empreinte l'Effigie Royale, bien gravée, dans un cartouche de lauriers entrelacés de fleurs, &, en toutes lettres, le numéraire du billet, qui seroit de quatre sortes, de 24 liv., de 48 liv., de 72 liv., & de 96 liv. Tous ces billets seroient attachés & reliés, chaque qualité séparément, dans de grands Livres ou Regiſtres ; où seroit laissé le talon du billet, son numéraire & son numéro par Généralité. Ces Livres seroient envoyés aux Bureaux de chaque Généralité, sous l'inspection de l'Intendant. On y appliqueroit le cachet de la Généralité, & ils seroient signés de l'Intendant ou de son Secrétaire. On pourroit ajouter encore sur ces Livres & sur les billets telles autres marques distinctives & caractéristiques que l'on jugeroit à propos.

Ces billets ainsi faits & préparés seroient envoyés par l'Intendant aux différentes Paroisses de son ressort, où il y auroit des magasins, & remis dans chacune entre les mains des quatre Syndics choisis pour la régie du magasin, lesquels seroient responsables de l'usage qu'ils en feroient. L'ordre du Roi & son intérêt y seroient formels; & pour donner encore plus d'assurance à ces billets, l'un de ces Syndics les signeroit dans une place qui seroit réservée à cet effet, & mettroit sur le revers du billet, en le délivrant, le nom du particulier à qui il seroit donné pour le prix du Grain qu'il auroit apporté au magasin. On couperoit cette signature & ce nom de maniere à en laisser une partie au talon du regiftre, & l'autre sur le billet. Le regiftre seroit chargé, en outre, comme nous l'avons dit, du numéro & de la valeur numéraire, avec le nom de la Paroisse.

Pour la fabrication de tous ces billets, le Roi, pour la premiere fois seulement, retireroit deux pour cent, que le vendeur de Grain au dépôt payeroit de son argent, ou qu'on retiendroit sur le compte de son Grain, en le lui payant de cette Monnoie. Dès ce moment, ces Billets de Monnoie auroient cours dans tout le Royaume, ainsi que l'argent monnoyé; on les recevroit dans toutes les caisses des deniers royaux, & ils seroient employés dans tous les payemens qui se feroient dans l'étendue de la Monarchie Françoise.

On

On n'en fabriqueroit que la quantité qui auroit été fixée pour l'achat de 40 à 45 millions de fetiers de Grains, & pour la conftruction des greniers & des moulins qui feroient ordonnés dans les Paroiffes. Il feroit défendu expreffément d'en faire davantage, & encore plus de les contrefaire, fous peine de la vie. Avec toutes ces précautions, cette Monnoie feroit à l'abri de toute falfification, & auroit une folidité permanente, qui la rendroit d'une grande utilité pour le commerce.

Il n'y auroit que les Financiers, les Banquiers & peut-être quelques Marchands qui pourroient trouver mauvais ce fyftême, & chercher à décrier ces billets, en les comparant aux billets de banque. Mais, comme on l'a obfervé ci-deffus, la nature en eft bien différente ; & qui voudra faire ufage de la raifon, verra aifément que toute crainte de non-valeur ou de difcrédit à leur égard feroit mal fondée. Car la valeur de cette Monnoie feroit réelle & exiftante en nature dans les magafins des Paroiffes, qui l'auroient acceptée & qui en feroient garantes; ce qui en rendroit caution en quelque forte toute la Nation.

D'un autre côté, le Roi y trouvant un grand avantage, feroit intéreffé lui-même à la maintenir dans toute fon intégrité, & à lui conferver la confiance du Public. Enfin, pourquoi n'auroit-on pas autant & même plus d'affurance dans ces billets que dans des lettres de change de particuliers, qui font la monnoie la plus ordinaire du commerce, quoiqu'elles perdent de leur numéraire en circulant, & que ces particuliers deviennent fouvent infolvables ?   D

Il feroit néceſſaire, dans le plan de cet arrangement, d'établir dans chaque Généralité & dans la principale Ville, une Jurifdiction compoſée de ſept ou huit des principaux Marchands de la Ville les plus en réputation d'expérience & de bonne conduite, pour connoître en premiere inſtance, à l'inſtar des Juge-Conſuls, de toutes les conteſtations au ſujet de la vente des Grains, & en particulier de la geſtion des Syndics des magaſins de Grains, de la reddition de leurs comptes vis-à-vis de ceux qui auroient dépoſé leurs Grains, du rembourſement qu'ils feroient tenus de faire des Billets de Monnoie chaque fois que les bleds en réferve feroient vendus, de leurs malverſations & de tous les cas où ils auroient manqué dans leurs fonctions vis-à-vis des particuliers ou du Public.

Ils feroient punis, ſuivant les cas, ou de la priſon, ou par des condamnations pécuniaires, qui s'exécuteroient ſur tous leurs biens-meubles & immeubles, avec privilége en faveur de ceux qui les auroient fait condamner pour faits de leurs charges; & ils feroient ſolidairement reſponſables, à cet égard, les uns pour les autres. La valeur ou quantité des Grains en réferve dans chaque magaſin ne montant qu'à 1500 ou 2000 ſetiers, les quatre Syndics enfemble auroient toujours aſſez de biens pour répondre de 30 ou 40 mille livres que cette quantité pourroit valoir.

Il y auroit à Paris un ſeul & unique Tribunal ſupérieur à toutes ces Jurifdictions, qui connoîtroit par appel & en dernier reſſort de toutes les contestations concernant le commerce des Grains, la régie des magasins, & les Billets de Monnoie. Ces nouveaux Tribunaux, que le Roi créeroit sans exiger aucune finance de leurs Officiers, de même que les Juges-Consuls, seroient nommés : *La Conservation des Grains.* De cette maniere, le commerce des Grains seroit soutenu dans tout le Royaume, & contenu dans les bornes prescrites par les Statuts ou Réglemens qui seroient faits à cet égard ; ce qui assureroit aux Billets de Monnoie la plus grande confiance.

Pour établir un ordre encore plus sûr & plus avantageux, on pourroit ordonner que ces billets n'auroient cours que pour une année, qui seroit exprimée sur leur empreinte, & que tous les ans il en seroit fait de nouveaux sur le même modéle, si l'on vouloit, à la différence de l'année près. Ceux qui les auroient, les apporteroient aux Bureaux les plus prochains des magasins de Grains d'où ils seroient émanés ; ils seroient remis aux Syndics, qui en donneroient leur reçu, & les enverroient au Bureau de la Généralité de leur dépendance, où tous les Syndics des Paroisses du ressort se rendroient avec le Livre des talons, pour vérifier les billets qui en auroient été tirés, & ces billets seroient détruits ou même brûlés en présence de l'Intendant ou de son Subdélégué.

On donneroit d'autres billets de l'année en échange pour la même somme, que les Syndics remettroient à ceux qui leur auroient confié les premiers, & en retireroient leurs

reçus. Ce changement de billets tous les ans
feroit néceffaire, pour arrêter la contrefaction, s'il y en avoit, pour les renouveller,
s'ils étoient trop ufés, pour en retirer un nouveau bénéfice au profit du Roi, & enfin pour
payer les faux frais que ces billets occafion-
neroient au Gouvernement. Il feroit donc
payé par les Syndics le centieme denier de
leur valeur, qui feroit prélevé fur le prix de
la vente des Grains du magafin, & que chaque particulier fupporteroit lorfqu'on lui en
rendroit compte.

Ainfi, en fuppofant que les Grains reftaf-
fent dans le magafin trois ou quatre ans au
plus, le total de ces droits ne fe monteroit
guères qu'à la fomme de 1 liv. 19 f. 6 d. par
fetier; favoir, 9 f. 6 d. des deux pour cent
de la valeur des Billets de Monnoie dus au
Roi la premiere fois feulement qu'on feroit
ces billets; 14 f. 5 d. d'un pour cent qui lui
feroit encore dû tout au plus pendant trois
ans pour les frais de réfection de ces billets;
15 f. aux Syndics pour les fix deniers par livre
qui leur feroient accordés; & 1 f. pour l'intérêt des fonds employés à la conftruction des
magafins & moulins: ce qui feroit en tout
2 liv. au plus par fetier.

Ces 2 liv. prélevées ou retenues fur le prix
du fetier lors de la vente au magafin, il en
reviendroit encore au Propriétaire du Grain
qui y auroit été mis en dépôt, 4 liv. au moins
de bénéfice, outre les 24 liv. qu'il auroit déja
reçues en l'y portant.

De cette façon, dès qu'il faudroit à peu
près un milliard de cette monnoie dans le

Royaume, le Roi retireroit d'abord la premiere année 20 millions de bénéfice fur la création de ces billets, & tous les ans pour les faire refaire, il auroit encore un bénéfice, comme une efpece de rente de 10 millions, qui lui reviendroit de cette réfection, & qu'il percevroit par conféquent fur le commerce des Grains. Moyennant ce bénéfice, qui feroit confidérable, il feroit de fa bienfaifance, pour favorifer ce commerce dans le Royaume, d'y fupprimer tous les droits quelconques qui fe perçoivent fur les Grains, & qui exigent une régie difpendieufe.

Que l'on confidere préfentement qu'une quantité auffi grande de cette nouvelle monnoie, qui auroit cours & circuleroit avec l'argent monnoyé, feroit que, le numéraire étant moins rare, le commerce auroit beaucoup plus d'activité, tous les paiemens fe feroient avec plus de facilité, & l'intérêt de l'argent baifferoit de lui-même à un taux favorable à la circulation. On ne peut certainement rien faire de mieux, pour tirer notre commerce de l'oppreffion où les Marchands de numéraire le retiennent. J'en appelle aux perfonnes intelligentes & expérimentées, qui n'ont en vue que le bien de l'Etat.

Il faut ébaucher ici le plan du commerce des Grains dans l'intérieur du Royaume, que pourroient faire, d'après ces nouveaux établiffemens, les Cultivateurs eux-mêmes & les Propriétaires des fonds, fans le fecours d'aucuns Marchands. On y verra une concurrence ou une balance fi naturellement établie, qu'elle mettroit toujours les Grains à un prix con-

venable, tant pour l'avantage du Cultivateur
que pour celui du Consommateur.

Commerce intérieur des Grains & des Farines, suivant ce nouveau syftéme.

Dès que les Paroiffes auront des magafins
où les Cultivateurs feront engagés à faire
apporter leurs Grains pour y être vendus, le
commerce en deviendra beaucoup plus facile
& plus général. Ces magafins feroient les
premiers marchés publics & les plus à la portée de chacun, & comme le moulin en feroit
voifin, il feroit aifé d'y faire moudre fon Grain
tout de fuite, & d'avoir fa farine prefqu'auffitôt. Il conviendroit, à ce fujet, de dédommager les Seigneurs qui ont droit de bannalité
de moulin fur les lieux, mais ce feroit l'affaire
des Paroiffes, qui feroient autorifées par le
Roi à fe racheter de cette fervitude.

Ceux des habitans qui voudroient vendre
leurs Grains aux marchés des Bourgs & Villes
voifines, où ils feroient d'un meilleur ou plus
grand débit, auroient la liberté de le faire.
Il leur feroit feulement défendu de vendre à
d'autres qu'aux Boulangers & Bourgeois pour
leur confommation. Comme les Syndics de chaque Paroiffe auroient le droit d'envoyer les
Grains qu'on leur apporteroit pour être vendus dans les temps de cherté au prix courant
dans les marchés publics, & non ailleurs,
cela établiroit une concurrence qui empêche-
roit l'excès du prix. Ils auroient tous le même
privilége de fournir le Royaume de Grains par-
tout où ils trouveroient plus de profit.

Lorſqu'il faudroit envoyer ces Grains par bateaux ſur les rivieres , pluſieurs Paroiſſes voiſines pourroient ſe réunir, & faire pour leur compte des envois de bleds ou de farines dans les Villes éloignées. Les Syndics choiſis à cet effet ſeroient chargés de la commiſſion, & d'aller faire eux-mêmes la vente de ces Grains ou farines, moyennant un bénéfice de ſix deniers par livre ſur le prix de cette vente, après le prélévement fait des frais de leurs dépenſes perſonnelles, & de tous ceux qu'auroit occaſionné le tranſport. Ils ſeroient tenus d'en rendre compte à ceux qui auroient confié leurs bleds ou leurs farines à leur commerce; & pour qu'ils ne puſſent faire aucune malverſation , on continueroit l'uſage d'avoir dans chaque lieu le rapport au Greffe de la Juriſdiction du prix qu'ont eu les différens Grains à chaque marché, (ce qu'on appelle Mercuriales,) dont les Syndics ſeroient obligés d'apporter un extrait en bonne forme pour leur juſtification.

Il eſt eſſentiel que le commerce d'une denrée ſi néceſſaire ſoit fait avec une grande œconomie, pour éviter qu'il y ait entre le Cultivateur & le Boulanger ou le Conſommateur un agent qui véxe & rançonne l'un & l'autre. Or, les Syndics étant établis comme Facteurs & Commis pour ce commerce, & leurs droits étant modiques, il n'arrivera guères que quelqu'autre veuille l'entreprendre pour ſon compte, & y avancer de gros fonds, dès que les Paroiſſes elles-mêmes s'occuperont de faire débiter leurs Grains aux prix les plus ſimples & de la maniere la moins diſpendieuſe.

Elles pourroient donc les aller vendre partout, jusques dans les Villes où il y a ports de Mer, à des Négocians en gros, ou aux Étrangers mêmes, lorsqu'il sera libre de laisser sortir les Grains hors du Royaume, suivant les prix qu'on a cru devoir fixer, afin de les tenir en France à un certain taux, qui ne laisse pas avilir cette denrée. Sur les prix qu'auroient les Grains & les farines au marché, il seroit fait dans chaque lieu une taxe proportionnée pour le pain, qui seroit rendue publique, en sorte que les Boulangers du lieu ne pourroient pas le vendre au-delà.

On prie les Lecteurs d'observer que, sans les magasins de réserve que nous proposons, il ne seroit pas possible de faire suivre ces regles si avantageuses pour le commerce des Grains, & pour le commerce en général. Ce seront ces magasins qui feront tenir la balance toujours égale, malgré l'irrégularité des saisons, & les tentatives des Marchands.

Mais, sans le secours des Billets de Monnoie, les magasins seroient une chimere & même une espece de véxation, qui seroit contraire à l'intérêt du Cultivateur. Car, si l'on payoit l'intérêt de l'argent à cinq pour cent avec les frais de garde & de régie, en gardant pendant quatre ans ces Grains dans le magasin, ces intérêts & frais absorberoient tout le bénéfice, comme il est aisé de l'appercevoir.

Au lieu que, par le moyen des Billets de Monnoie, il n'y auroit point d'intérêt à payer, & le Fermier trouveroit, lors de la vente des Grains du magasin, un revenant bon qui le dédommageroit des années malheureuses, où il ne recueilleroit que foiblement, & où il ne vendroit pas en proportion de la perte qu'il feroit. Enfin, fans ces magafins & les Syndics établis pour la vente de ces Grains, même à l'Etranger, le Fermier ne pourroit pas efpérer avoir par lui-même autant de bénéfice. Toutes ces combinaifons affureroient donc un des plus grands avantages aux Cultivateurs & à la Nation en général.

L'établiffement d'un moulin dans le voifinage de chaque magafin, eft comme indifpenfable, pour favorifer ce commerce, en fe procurant des farines prefque fur le champ. Car il fera bien plus commode de tranfporter la fleur de la farine dans les grandes Villes où elle fe débite mieux, que d'y porter les Grains en nature, puifqu'il y auroit plus de 80 livres de gros fon ou de recoupes à retrancher du poids de chaque fetier, qui par-là feroit réduit à 160 livres de fine farine, au lieu de 240 que le tout péferoit enfemble.

Il faudroit mettre ces farines, pour le tranf-port, dans des tonnes de bois blanc, qui en contiendroient chacune au moins 800 livres pefant, c'eft-à-dire, le produit de quatre à cinq fetiers. Ces tonnes coûteroient peu, & elles conferveroient la farine ou le Grain beaucoup mieux que des facs ou des bateaux à découvert, dans lefquels les Grains contractent toujours de l'humidité, du mauvais goût, & fe gâtent. Auffi, voit-on les Boulangers un peu délicats ne pas vouloir de ces Grains, & préférer d'en acheter d'autres 40 & 50 fols plus chers par fetier.

On laifferoit dans les campagnes le gros fon

& les recoupes, qui, étant mêlés & remou-
lus avec du seigle, après qu'on en auroit re-
tiré le son pailleux, serviroient à faire du pain
pour le Peuple, à qui on le feroit débiter à
bas prix, au moyen des fours qu'on auroit
exprès dans le lieu même des moulins. Ce
qui œconomiseroit, & éviteroit beaucoup de
peines & de soins aux malheureux journaliers,
qui n'ont pas les moyens de se procurer une
fournée de 50 livres pesant.

Il a fallu nécessairement descendre dans ces
détails un peu minutieux, pour mieux faire
sentir les différens avantages de ce nouveau
projet, & exposer des vérités d'une consé-
quence infinie pour le Gouvernement, qui est
le soutien du foible & du pauvre. C'est un
projet qu'il ne peut manquer d'approuver,
comme étant le plus favorable aux peuples,
sur-tout à ceux de la campagne, qui travail-
lent journellement à nous procurer les premieres nécessités, à nous fournir les moyens
d'aisance, & à multiplier les objets de notre
commerce.

Qui est-ce qui pourroit contredire ces vérités & désapprouver ce projet ? Il n'y auroit
que les Marchands de Grains, parce que ce
systême de commerce détruiroit les moyens
qu'ils ont actuellement de s'enrichir aux dépens du Public & des malheureux mêmes de
qui viennent ces richesses. Si on les consultoit
à ce sujet, ils traiteroient ce plan de chimérique & contraire aux vrais principes. Ce
feroit un Berger mal avisé qui iroit au conseil des loups leur demander le meilleur endroit
pour faire paître son troupeau. Ils lui diroient,

fans doute : Menez vos moutons dans les fo-
rêts ; l'herbe y eft fraîche & appétiffante , &
ils y feront à l'abri des ardeurs du foleil. Mais,
fi le Berger eft prudent, il verra qu'ils y feront
bien plus expofés à leur voracité.

Ne confultons jamais ceux qui , comme les
loups , vivent aux dépens du troupeau en
l'égorgeant. Confultons plutôt les Laboureurs, les Fabricans , les Citadins, tous ceux
enfin qui n'ont d'autre part au commerce des
Grains , que celle de les fournir , ou de les
avoir à un prix proportionné aux facultés de
tout le monde. Ceux-ci diront certainement :
Si le Miniftere approuve le fyftême propofé,
nous voyons clairement que l'Agriculture fe
ranimera , & que les peuples de la campagne,
ainfi que ceux des Villes, auront toujours une
nourriture affurée.

Les Billets de Monnoie , dans ce fyftême,
étant repréfentatifs d'un milliard, dont les fonds
fe trouveroient doublement affurés , par les
moyens expliqués ci-deffus, vaudroient mieux
que l'or, pour faire les grands paiemens. Ils
contribueroient à rendre la monnoie réelle,
plus commune , & en la faifant circuler davantage , ils animeroient toutes les parties du
commerce ; l'intérêt y baifferoit de moitié, &
il fe trouveroit foulagé du pefant fardeau que
lui impofent ceux qui font trafic des efpeces
monnoyées, qui abforbent le plus clair & le
plus net des profits des Marchands & des Fabricans, lorfqu'ils font forcés d'y avoir recours.

L'argent étant devenu plus commun , les
biens de Ville & de campagne, les marchandifes

& tous autres effets quelconques auroient plus de valeur. Le Roi conséquemment retireroit davantage de son Peuple, en proportion de l'augmentation de son commerce & de son aisance. Il pourroit alors se faire un trésor, qu'il mettroit en réserve, pour s'en servir dans des temps de guerre ou d'autres malheurs, sans être obligé de surcharger le Peuple. Jamais un Prince n'est plus puissant & plus respecté que quand on sait qu'il a des sommes immenses à sa disposition, & toujours prêtes à employer dans des occasions urgentes, sans avoir besoin de recourir à de nouveaux impôts sur ses Sujets.

C'est une fausse maxime de dire qu'un Prince ne doit point thésauriser sur ses revenus, & qu'il ne doit avoir d'autre trésor que la bourse de ses Sujets. Il n'y a que des Traitans qui pensent ainsi, & qui peuvent lui donner ce mauvais conseil, pour avoir de nouvelles occasions de mettre l'Etat à contribution, toutes les fois que le Prince aura à faire des dépenses extraordinaires & nécessaires. Comme dans le présent système, tout le monde pourroit se mettre en état de payer comptant, il y auroit moins de banqueroutes dans le commerce. On pourroit aussi obliger les Boulangers & les Bourgeois qui achéteroient du Grain de le payer comptant en billets ou autre monnoie.

Les personnes qui auroient des Grains, & qui seroient pressés de faire de l'argent, en portant leurs Grains aux Syndics pour les vendre, pourroient leur demander des sommes à

compte, que ceux-ci leur avanceroient moyennant quatre deniers par livre de rétribution,
qui feroient par eux retenus avec les fommes avancées fur le prix de ces Grains vendus. De cette maniere, le bénéfice reviendroit
au Cultivateur ou habitant de la campagne,
ce qui faciliteroit beaucoup le commerce
de cette denrée, & mettroit les autres com-
merces au même niveau. Les Propriétaires des
terres feroient sûrs qu'elles en auroient une
meilleure culture, & qu'ils en feroient mieux
payés de leurs Fermiers. Les droits du Roi &
ceux des Seigneurs en feroient plus facilement perçus, & tout profpéreroit.

Si le Lecteur n'a pas perdu de vue les différens objets qu'on vient de lui préfenter, &
qu'il les ait fuivis pas à pas dans l'expofé de
ce fyftême, il fera convaincu qu'on a frappé
directement au but, qui eft de délivrer le
commerce des Grains de la cupidité des
Monopoleurs, & de le rendre le plus avantageux qu'il eft poffible à toute la Nation,
en évitant tout abus & tout inconvénient.

L'Auteur a hazardé ces réflexions, qui fe ré-
duifent à faire obferver que, eu égard à la
mifere du Peuple, fi on laiffoit fubfifter les
chofes telles qu'elles font, de même que fi
on les rétabliffoit fur le pied où elles étoient
auparavant, foit en permettant l'exportation
des Grains hors du Royaume, foit en la dé-
fendant, de façon ou d'autre, l'Agriculture
tomberoit dans la plus grande léthargie, & le
Royaume feroit expofé à des dangers peut-
être plus grands. Car les changemens fur ce

point, s'ils ne sont bien ménagés pour l'avantage du Peuple, portent des secousses violentes à la constitution du Gouvernement. Mais il faut tout espérer de la prudence du Ministere actuel, & de l'intention bienfaisante du Monarque.

PROJET

D'UTILITÉ ET D'ORNEMENT

POUR

LA VILLE DE PARIS,

PROPOSÉ AU PUBLIC.

*Par M. de G**.*

PROJET

PROJET

D'UTILITÉ ET D'ORNEMENT,

POUR

LA VILLE DE PARIS.

U Ne Capitale comme Paris, que l'on met à juste titre au rang des plus grandes & des plus belles Villes du Monde, située sous le climat le plus salubre de l'Europe, & habitée par un Peuple immense, qui cultive les Beaux-Arts, qui se pique de bon goût, & qui aime à se procurer tous les agrémens & toutes les commodités de la vie, ne peut qu'applaudir aux propositions suivantes, que lui fait un zélé Patriote.

C'est 1°. de purifier tous les jours l'air de ses rues, en lui procurant une eau pure & abondante pour les laver, & en emporter les immondices.

2°. De fournir à discrétion dans chaque maison de l'eau de la Seine très-limpide & sans aucun mêlange de celle de la Marne ni d'autres eaux de mauvaise qualité ; & ce, sans aucune interruption & sans le secours d'aucune

E

machine, par conséquent fans pouvoir être arrêtée ni par les glaces ni par les fécherefles.

3°. Par une fuite & dans l'exécution de ces opérations, il fe préfente un moyen de former une prairie d'une étendue de 4 à 5000 arpens aux portes de la Ville.

4°. De pouvoir faire conftruire des moulins & autres machines utiles aux Fabriques & au Commerce en général.

5°. De pouvoir finir à peu de frais l'entreprife de la Garre, que l'on a commencée fur un plan mal conçu & impraticable.

Ces cinq objets d'utilité publique fe trouvent fi parfaitement liés enfemble dans le préfent Projet, qu'ils concourent à le rendre d'autant plus intéreffant, d'une dépenfe beaucoup moindre, & d'un plus grand produit. Si l'on n'en entreprenoit qu'un féparément, quelqu'utile qu'il pût être, fon produit ne feroit pas capable de dédommager les Entrepreneurs de leurs frais; au lieu que ces cinq objets étant exécutés en même temps, il faudra peu de fonds en comparaifon de leur utilité & de leur produit, pour les terminer. Il fe trouvera encore beaucoup d'autres acceffoires, qui tiennent à cette entreprife, & qui font d'une conféquence à ne pas devoir être rejettés. L'Auteur fe réferve de les faire connoître & de les développer, fi ces premiers objets font approuvés.

Au furplus, qu'on n'imagine pas que le Projet qu'on va expofer ici, foit conçu par l'efpoir d'un fordide intérêt, comme la plupart de ceux qu'on a déja propofés ou exécutés. L'Auteur n'eft animé que du zéle pour le bien public. Il cédera même volontiers la gloire de l'invention ; à quiconque trouvera des moyens plus simples & moins difpendieux que ceux qu'il eft en état de fournir, pour l'exécution de cette entreprife dans fon entier.

Pour élever les eaux de la Seine à plus de 120 pieds au deffus de fon niveau naturel à la porte Saint-Bernard, dans une quantité fuffifante pour fournir à tous les befoins de la Ville de Paris & à laver fes rues tous le matins, on fera conftruire un canal, qui prendra les eaux de cette riviere au deffus de Corbeil, & qui regnera au niveau, par une pente très-douce de 2 pouces fur 100 toifes, tout le long des côteaux de la plaine, jufqu'au deffus du Marché aux chevaux. Dans cet endroit, on fera des filtroirs, pour clarifier l'eau avant qu'elle entre dans les tuyaux qui la diftribueront par tout Paris. Ces conduites majeures pafferont fous le pavé des ponts & fous celui des rues, d'où partiront des ramifications qui fourniront de l'eau de droit & de gauche dans les réfervoirs ou cuvettes de chaque maifon.

Ces tuyaux feront faits d'une maniere folide & faine. On n'y employera qu'une terre de bonne qualité, bien préparée & à demi vitrifiée. Ils feront revêtus de maçonnerie, pour les garantir de l'ébranlement des voitures & de tous autres accidens. Il y aura des regards & des robinets à des diftances convenables, pour pouvoir les nettoyer en cas d'engorgement, ou pour y faire les réparations néceffaires. On aura attention que l'eau ne foit jamais forcée dans ces tuyaux par une hauteur plus grande que de dix à douze pieds. Leur moindre épaiffeur fera du tiers du diametre de leur ouverture.

Il n'en coûtera, pour chaque Propriétaire de maifon, qu'un capital depuis 400 liv. jufqu'à 1000 liv. une fois payé, à proportion de l'étendue plus ou moins grande des maifons ; & on ne donnera cet argent que quand l'eau aura été livrée dans la cuvette, laquelle cuvette, ainfi que fon couvercle, fera d'une terre de grais épaiffe d'un pouce, ayant un gros robinet de cuivre ou d'étain d'un pouce auffi de diametre. Cette cuvette fera placée dans une tonne de bois de chêne d'un pouce d'épaiffeur bien cerclée de fer, laiffant entre la cuvette & la tonne une diftance de quatre pouces, dont le vuide fera rempli de mouffe, pour empêcher que la cuvette foit caffée par des coups imprévus, & en même temps pour la garantir des gelées.

Cette cuvette, telle qu'on vient de la décrire, fera aux dépens du Propriétaire de la maifon, & y demeurera comme chofe inhérente & qui en fait partie. Au moyen de ce que les Entrepreneurs auront plufieurs Fabriques particulieres de ces cuvettes & de ces tuyaux, ils pourront les donner toutes placées pour 80 liv. Chaque cuvette contiendra au moins un muid d'eau, & quand les maifons feront petites, on pourra faire fervir la même cuvette à deux maifons & même à trois, en les plaçant de maniere à répondre à chacune, & à n'être incommode à perfonne. C'eft de ces cuvettes, que tous les matins, au fon de la cloche établie par la Police, chaque particulier lâchera le robinet de la cuvette, pour faire couler l'eau dans la rue, qui formera un ruiſſeau aſſez conſidérable pendant plus d'un quart - d'heure. Au moyen de ce cours d'eau avec des pelles & des ballets, les rues ſe trouveront rafraîchies & parfaitement nettoyées de toute immondice. Ce qui détruira le mauvais air qui exhale des boues & des urines.

Les plombs & autres tuyaux qui appartiennent au Roi ou à la Ville , & qui ſont ſous le pavé des rues, appartiendront aux Entrepreneurs , à condition qu'ils donneront abondamment & gratis de l'eau à toutes les Maiſons Royales & à celles qui en ont une conceſſion de la Ville. Ils en fourniront de même à toutes les fontaines publiques , qu'on laiſſera couler continuellement , pour l'uſage commun & pour entretenir la ſalubrité de l'air.

Les Propriétaires des maiſons ſeront néanmoins encore tenus de faire à la Ville de Paris , qui ſe chargera des réparations des conduites d'eaux & des cuvettes , une rente annuelle du demi-centieme denier du fonds principal qu'ils auront déja donné ; c'eſt-à-dire , qu'un Hôtel ou Maiſon , pour laquelle on aura payé un capital de 800 liv. ou de 400 liv. , payera annuellement 4 liv. pour 800 liv. ou 2 liv. pour 400 liv. Ce qui produira au total une ſomme de plus de 150000 liv. de rente , que la Ville percevra tous les ans pour les réparations & l'entretien de tous les tuyaux des fontaines publiques & cuvettes particulieres.

Cette ſomme ſera certainement plus que ſuffiſante. Car les conduites & les cuvettes ayant été bien & folidement faites dans leur premiere conftruction , feront peu fujettes à fe dégrader. On établira dans chaque quartier des Entrepreneurs qui feront chargés d'y veiller & d'y faire faire les réparations auffitôt qu'elles feront néceffaires , & qu'elles auront été ordonnées par le Bureau de la Ville , à la premiere réquifition des habitans. Il convient qu'une chofe d'une utilité auffi effentielle pour le Public foit fous la direction des Officiers municipaux.

Les Propriétaires des moulins & autres machines que les eaux du canal feront mouvoir , au moyen de cé que leur établiffement leur fera accordé gratis, feront chargés de l'entretien du canal dans toute fa longueur , jufqu'au réfervoir où les eaux pafferont par les filtroirs ; mais les filtroirs feront à la charge de la Ville , qui jouira de la rente fur les maifons. La pêche du canal appartiendra de droit à ceux qui feront chargés de fon entretien.

Les Entrepreneurs de la Garre , qui ont employé des fommes confidérables à cette entreprife , fans y avoir réuffi , pourroient traiter fous des conditions convenables avec l'Auteur du préfent Projet & fes actionnaires , qui fe chargeroient de faire finir ce grand ouvrage , d'une utilité fi néceffaire pour la fûreté des bateaux & des marchandifes.

Mais comme il s'agira, dans la confection de cet objet, de procurer en outre à la Ville de Paris un avantage des plus réels & des plus effentiels , on propofera au Gouvernement d'ordonner que tous les fonds de terre qui fe trouveront entre le lit du canal & celui de la riviere, à l'exception des Châteaux, maifons & leurs enclos, feront cédés à perpétuité à la compagnie des Entrepreneurs par les Propriétaires, moyennant une rente fonciere d'un quart en fus de ce qu'ils retirent de leurs fonds par bail ou autrement. Cette rente fera évaluée en grains & non en argent, pour qu'elle puiffe être fufceptible d'augmentation, à mefure que le Commerce donnera de la valeur à cette denrée.

Cette loi émanée du Souverain fera dans la juftice la plus exacte, puifqu'en procurant au Commerce & aux habitans de la Ville de Paris un nouvel avantage réel que nous allons expliquer, le bien du particulier n'en fera pas léfé. C'eft par le même motif qu'il fera auffi expreffément ordonné que les maifons, clos & autres fonds, quels qu'ils foient & à qui ils puiffent appartenir, qui fe trouveront dans le niveau du canal, & qu'il fera indifpenfable de prendre pour la conftruction de fon lit & de fes bords, feront payés un tiers en fus de leur valeur actuelle, fuivant une eftimation d'Experts, ou bien on en fera pareillement aux Propriétaires une rente fonciere en grains.

Ces rentes, par la même Loi, feront hypothéquées & affignées à prendre par privilége fur les revenus qui proviendront de tous ces fonds & du canal même; &, par grace fpéciale, en confidération du facrifice que les Propriétaires auront fait de leurs fonds, elles feront déclarées exemptes pour toujours de toute impofition royale. C'eft ainfi qu'en obfervant une entiere juftice, nul n'aura à

fe plaindre, & chacun y trouvera fon avantage.

L'étendue de tous ces fonds compris entre le canal & la riviere, fera très - confidérable, & formera un efpace de plus de
5000 arpens. Pour en tirer le parti avantageux que l'on propofe, on les fera arrofer
facilement & abondamment par les eaux de
la Seine, quand elles feront fur-tout au-def-
fus de leur hauteur moyenne, fans que cela
puiffe jamais nuire à la Navigation dans aucun
temps. Au moyen de cette irrigation, qui fera
faite avec art, pour diftribuer les eaux à
propos & avec mefure fur tous ces fonds,
quelque arides & mauvais qu'ils puiffent être,
ils deviendront en peu de temps d'un excel-
lent rapport, par le fecours des eaux limoneu-
fes & des autres amendemens qui leur feront
fournis.

C'eft-là où feront faites des prairies d'une
qualité fupérieure, qui donneront par arpent
mieux que 10000 pefant de foin, foit foins
naturels, foit luzernes, treffles, &c. On fera
en état de donner ce foin rendu au Port Saint-
Paul à 20 liv. le millier. Ce fera un avantage
bien grand pour la nourriture d'un fi grand
nombre de chevaux, que Paris occupe journellement. Il y aura plus de 5000 arpens de
prés de cette nature, qui produiront annuellement une augmentation de fourrage pour
Paris de 50000 milliers pefant de foin, lefquels, à raifon de 20 liv. le millier, feront
un objet d'un million de revenu pour cette
partie; fur quoi il faudra déduire les rentes
qu'on fera aux Propriétaires des fonds.

Il y aura, en outre, les regains ou la feconde herbe de ces prés, après que les foins
en auront été enlevés. Ces regains appartiendront aux Entrepreneurs , & feront plus
que fuffifans pour les indemnifer de tous les
frais de culture, arrofemens, fauchage & tranfport. Ils formeront encore des pâturages à
pouvoir nourrir au moins 10000 vaches à
lait; ce qui fournira du laitage & du beurre
d'excellente qualité pour la Ville de Paris ,
& à bas prix.

Il y a plus : par le moyen des eaux du canal, attendu leur bonté & leur abondance,
on pourra établir fur la partie fupérieure des
terres le long des bords de ce canal , & à
la proximité de la Ville , une quantité pro-
digieufe de jardins marêchers ou potagers qui
fourniront avec profufion des légumes de
toute efpece pour le Peuple ; & il eft d'une
grande reffource pour les pauvres d'avoir les
légumes & les herbages à bas prix. Ces jardins potagers paroiffent d'autant plus néceffaires aujourd'hui pour Paris , qu'on détruit
peu à peu tous ceux qui avoifinent cette Ville,
pour y conftruire de nouvelles maifons. Le
tranfport des productions de ces jardins ne
fera pas difpendieux ; le canal les conduira
toutes au réfervoir du Marché aux chevaux,
d'où elles feront diftribuées dans les différens
marchés de la Ville.

Cette abondance de foins à Paris, en procurant le bas prix, obligera ceux qui en ame-
nent de loin , de renoncer à ce commerce,
& de laiffer confommer ce fourrage fur les
lieux. Par-là, on élevera & entretiendra dans

les campagnes une plus grande quantité de
beſtiaux , & par conſéquent on augmentera
l'amélioration & la bonne culture des terres,
qui feront alors d'un plus grand rapport en
grains & autres denrées ; ce qui dédommagera
amplement de la perte qu'on aura faite des
grains & légumes qu'on pouvoit recueillir
dans les fonds qui auront été convertis en
prairies. Ce font les prés qui procurent toujours l'abondance des beſtiaux & des grains,
les deux principales fources de notre ſubſiſ-
tance & de notre Commerce. Tant qu'on
négligera de faire &, d'entretenir de bonnes
prairies, notre culture, notre Commerce &
la population ne feront que languir.

Les moulins & autres machines, qui font
toujours à la porte des grandes Villes d'une
utilité prefque néceſſaire, ne demandent pas
un long difcours pour en perfuader l'avantage
réel. On ne s'étendra donc pas ici fur cet
objet particulier.

Si le Gouvernement approuve les vues & les
deſſeins de l'Auteur dans cette importante
entreprife, & qu'il foit engagé à entrer dans
un plus grand détail à ce fujet, il dreſſera
alors la carte & les plans du canal & de toutes les opérations. Il mettra les chofes dans
une fi grande évidence, qu'on pourra propofer à des Entrepreneurs les ouvrages en
gros & en détail fur chaque objet, de maniere à en faire tout de fuite l'adjudication
au rabais. Cette voie eſt la plus fimple & la
plus sûre pour favoir ce qu'il en pourra coûter pour l'exécution, & le bénéfice qui en re-
viendra aux Entrepreneurs. C'eſt après que

l'entreprise aura été mise ainsi dans tout son jour, qu'il sera aisé de trouver les fonds nécessaires, sous l'autorité du Souverain, & aux conditions suivantes :

Que les actions des intéressés seront de 2000 liv. pour faire un fonds de 2,000,000 liv. seulement, qu'on juge devoir être suffisant pour l'exécution de ces cinq projets réunis en un seul. Qu'on ne prendra ces fonds qu'à deux époques différentes, mille livres à chaque fois, & le second payement de mille livres ne se fera qu'un an après le premier. Que les actionnaires seront quatre ans sans retirer d'intérêt de leurs fonds, mais qu'après les quatre années révolues, il leur sera payé à perpétuité, pour chaque action, 200 liv. de rente annuelle, qui seront affectées sur les revenus de l'entreprise, après néanmoins que celle du prix des fonds de terre, qui sera privilégiée, aura été prélevée.

Le surplus des revenus, toute dépense déduite, appartiendra à la Couronne, & fera partie de son domaine. Les moulins, machines, maisons, &c. qui seront construits sur le canal, & dans toute sa longueur, appartiendront à l'Auteur du Projet ou à ses adjoints, qui les feront construire de leurs fonds particuliers, en payant l'emplacement, & qui seront chargés, comme on l'a dit, de l'entretien du canal : ce sera la seule récompense qui leur sera accordée, avec le droit de pêche dans toute l'étendue de ce canal.

La Garre restera à la Ville ou à ses premiers Entrepreneurs, moyennant le payement des sommes dont on sera convenu avec l'Auteur pour la faire finir. L'irrigation ou la diftribution des eaux par canaux & rigoles fur tous les terreins deftinés aux prairies, & les bâtimens à l'ufage de ces prairies, feront faits des fonds des actions : &, quand le tout aura été mis dans fa perfection, on donnera à baux à ferme ces prés & bâtimens aux plus offrans & derniers enchériffeurs, pour en jouir aux charges & conditions portées par les réglemens qui feront faits à ce fujet. Les prix de ces baux feront portés à la caiffe du Receveur établi pour cet effet.

Les travaux néceffaires pour la diftribution des eaux dans les maifons de Paris, fe feront avec la plus grande célérité poffible, de proche en proche, en partant des filtroirs, & des Fauxbourgs Saint-Victor & Saint-Marceau, jufqu'au milieu & dans toutes les autres extrêmités de la Ville. Comme les Propriétaires feront obligés de payer le capital & la rente à quoi ils feront affujettis, au fur & à mefure qu'ils jouiront des eaux dans le bas de leurs maifons, les fonds rentreront dès le commencement du double des premieres dépenfes pour chaque maifon : ce qui fera beaucoup plus que fuffifant pour conduire toute l'entreprife à fa perfection. Il en reftera même une fomme de plus de huit millions, qui fera au profit de l'Etat, quand tout aura été achevé.

C'eft ce que l'Auteur fe fait fort de prouver avec évidence, parce qu'il établira un ordre fi fimple & des moyens fi affurés pour éviter le gafpillage & la friponnerie, qu'il ne pourra guères y en avoir. Ces manœuvres ne fe pratiquent que trop dans les entreprifes publiques, & elles les font prefque toujours échouer. Elles font portées aujourd'hui à un tel point, qu'il n'eft prefque plus poffible de rien entreprendre, fans épuifer le tréfor public, ou fans laiffer l'entreprife imparfaite. On ne doutera pas de cette vérité, fi l'on jette les yeux fur le vieux Louvre, le plus beau Palais de l'Europe, abandonné depuis près d'un fiécle, malgré les vœux de tous les Citoyens pour le voir finir, fur la Place de Louis XV, le Portail & la Place de S. Sulpice, celui de S. Euftache, & tant d'autres monumens commencés, qui ne fe finiffent pas, à la honte de la Nation ; faute d'avoir encore remédié aux abus.

Réponfes à quelques Objections.

Les chofes les plus fimples & les plus claires trouvent toujours des perfonnes qui y oppofent des obftacles & des difficultés. Mais j'ai remarqué fouvent que ceux qui en font naître le plus, étoient les moins inftruits & les moins capables de pénétrer les chofes, de fentir même leur propre intérêt. Ils cherchent à contredire uniquement pour fe donner un air de fupériorité de génie fi déplacé, qu'ils font voir, par leurs objections mêmes, leur ignorance & leur ineptie.

Ce n'eft pas à ces fortes de gens que je m'amuferai à répondre. Mais il y en a d'autres, dont je refpecte le jugement, qui font inftruits & pénétrans, ou qui ont une capacité acquife par l'expérience, & qui peuvent me faire des objections raifonnables , telles que les fuivantes.

Pour conduire à Paris, pendant plufieurs lieues, un canal des eaux de la Seine, & élever ces eaux à 100 ou 130 pieds plus haut que n'eft le niveau de cette riviere à la porte Saint-Bernard, on trouvera beaucoup de difficultés à furmonter. 1°. Quantité de petites rivieres & ruiffeaux qui coupent ce terrein, & qui feront autant d'obftacles à l'exécution. 2°. Ce canal paffera par plufieurs terreins fablonneux & graveleux, qui non-feulement lui feront perdre toute fon eau, mais cauferont même dans la plaine des marécages fort incommodes & mal-fains. 3°. Il faudra, fuivant le Projet, une grande quantité d'eau, pour arrofer abondamment un terrein de 5000 arpens, faire des moulins & fournir de l'eau à toute une Ville auffi confidérable que Paris, tant pour l'ufage de fes habitans, que pour en laver les rues une fois par jour. Il en réfultera que, dans les temps de féchereffe, la riviere aura peine à fournir à un fi grand volume d'eau , & que la Navigation , auffi intéreffante que tout ce que l'on propofe, fe trouvera tout-à-fait interrompue.

D'ailleurs, les perfonnes peu accoutumées à une œconomie bien dirigée, auront peine à fe perfuader que deux millions puiffent fuffire pour exécuter une entreprife auffi effrayante, dont les détails font immenfes. J'avoue de bonne-foi que ce Projet paffe la portée des Projets ordinaires, où il ne fe préfente à la fois qu'un objet, plus facile , fans doute , à concevoir , qu'une quantité

d'acceſſoires réunis, qui, par leur utilité différente, ſemblent n'avoir rien de commun,
qu'un embarras capable de faire rejetter la
choſe ſur ſon ſimple expoſé.

Raſſurez-vous, leur dirai-je. Cette affaire
n'eſt pas propoſée, ſans avoir été auparavant
bien examinée & combinée avec toute la réflexion poſſible. J'ai ſenti, comme vous, toutes ces difficultés & d'autres encore, & j'ai
trouvé les moyens de les applanir toutes.
Suivez pied à pied mes raiſonnemens, & vous
conviendrez enſuite que ce que j'avance eſt
fondé ſur l'expérience & ſur des faits ſimples,
dont la poſſibilité eſt évidente.

Pour élever l'eau au deſſus du niveau de
la riviere, vis-à-vis la Porte Saint-Bernard, par
une pente plus douce que celle qu'elle a naturellement, ce ſera le niveau qui réglera
cette opération, en prenant le canal à une
diſtance aſſez éloignée, pour que le tout
s'ajuſte aux vues projettées. Il ne faut pas
une ſcience infinie pour cela. Il y aura des
vallons & des ruiſſeaux à traverſer; heureu-
ſement ils ne ſont pas fort larges. Il ne s'agira
que de faire un pont ſimple ſur chacun de
ces ruiſſeaux, pour laiſſer paſſer leurs eaux
ſous le canal, afin qu'elles ne ſe mêlent pas
avec celles que le canal conduira à Paris. Il
faudra conſtruire dans les vallons une chauf-
ſée aſſez longue, aſſez large & aſſez haute,
pour tenir le canal à ſon niveau. Nous avons
des moyens pour exécuter ce travail promp-
tement & à peu de frais. Je les communique-
rai dans le temps.

A l'égard des terreins qui feront ſpongieux

& peu propres à retenir les eaux, il s'en trouvera beaucoup d'autres d'une nature opposée, dont on se servira pour rectifier le défaut de ces premiers. Et qu'on ne croie pas que cela devienne bien dispendieux. Le transport des terres se fera si aisément, que ce ne sera pas une dépense de plus de 10 à 12 s. par toise cube, quand même on seroit obligé de les voiturer à 3000 toises de distance. Que cela ne surprenne pas ; l'Auteur l'a exécuté ailleurs.

Quant à la crainte qu'on pourroit avoir que la riviere de Seine ne fût trop considérablement diminuée par la quantité d'eau qu'on en tireroit pour fournir au canal & aux arrosemens, ce seroit une crainte chimérique. Car, le canal une fois rempli, ces arrosemens ou petites irrigations des prairies ne se feroient que quand les eaux se trouveroient surabondantes à la Navigation ; &, comme elles sont toujours suffisantes pendant l'hiver & le printemps jusqu'à la S. Jean, qui est la saison propre à couper les foins, on ne manquera jamais d'eau pour arroser les prés ni pour la Navigation. Il y aura même des années où l'on n'en manquera pas non plus en été & jusques en Octobre.

Pour la grande consommation que la Ville de Paris en pourra faire, de même que les moulins & la Garre même, après un calcul bien réfléchi, l'Auteur a trouvé que trois pieds d'un pied quarré d'ouverture, avec une vîtesse de trois pieds par seconde, seront plus que suffisans pour fournir de l'eau à toute la Ville de Paris & en laver les rues tous les matins ;

matins. Et, quoique Paris foit autant en nombre que l'armée des Xerxès l'étoit, lorfqu'elle tarit un fleuve pour fe défaltérer , fuivant l'Hiftoire, le Peuple & tous les animaux qui boivent dans Paris ne tariront pas l'eau que trois pieds quarrés donneront continuellement dans vingt-quatre heures, malgré que la majeure partie de cette eau foit employée à laver les rues. Il ne faudra d'ailleurs que fept pieds d'eau ayant la vîteffe de trois pieds par feconde, pour faire mouvoir plus de quarante roues de moulins. Ainfi dix pieds d'eau prife fur le courant de la riviere , dans le temps qu'elle fera la plus baffe , ne diminuera pas fon volume d'un demi-pouce fur toute fa largeur ; ce qui ne fauroit nuire à la Navigation.

M. de Parcieux , Architecte , avoit propofé de conduire à Paris les eaux de la riviere d'Yvette. Son projet en avoit été donné au Public. Je donne de même le mien. C'eft le moyen de s'éclairer fur une entreprife de cette importance , que de confulter le fentiment du Public , qui eft toujours plus fûr que celui de quelques particuliers, qui n'écoutent fouvent que leur propre intérêt. Le Public n'approuve que fuivant que la chofe l'affecte , mais c'eft toujours relativement au bien général. Si on le confultoit chaque fois qu'on veut faire quelque chofe pour fon avantage , on ne feroit pas tant de fautes qu'on en fait ordinairement.

Pour revenir à notre objet, le projet que je propofe eft , fans doute , bien différent de celui de M. de Parcieux. Car, 1°. Les eaux que je veux donner à Paris, étant prises au-deſſus de Corbeil dans la riviere de Seine, feront, ſans contredit, plus abondantes & plus ſalubres que celles de la riviere d'Yvette, que tout le monde ſait être d'une eau maré-cageuſe. 2°. Je fais des prairies d'une impor-tance conſidérable & d'un produit réel pour la Ville de Paris. 3°. J'améliore nos facultés, & tout le Peuple s'en reſſentira. L'entreprise eſt vaſte, j'en conviens; mais les avantages en ſont grands ; & certainement, par les moyens que j'employerai, je réduirai les cho-ſes à une ſi grande ſimplicité, qu'il en coûtera peu pour l'exécution.

Paris aura une eau pure & abondante, fraî-che en été & tempérée en hiver; ſes rués feront nettoyées, l'air ſera purifié, & l'on n'aura plus beſoin de puits, qui ſont nuiſibles aux fondations des maiſons, & dont l'eau eſt tou-jours mal-ſaine & dégoutante. On ſera débar-raſſé de plus de dix-huit à vingt mille por-teurs d'eau, qui retourneront dans les campa-gnes offrir leurs ſervices aux Laboureurs. Il n'y a pas de jour que les habitans de Paris ne dépenſent 15000 liv. pour ſe procurer dans leurs maiſons de l'eau de la Seine mal-propre. C'eſt le moins qu'un porteur d'eau gagne vingt ſols par jour, du fort au foible. Qu'il n'y en ait que 15000 , ſoit en hiver, ſoit en été , c'eſt par année plus de cinq millions qu'il en coûte réellement aux habi-tans. Par le préſent Projet, ils auront de l'eau continuellement & en abondance pour leur

boisson & leurs autres besoins domestiques,
les rues seront lavées tous les jours, & il ne
leur en coûtera pas le quart.

C'est au Public à examiner & à juger si la
proposition que l'on fait, par ce Mémoire,
peut lui convenir & lui être avantageuse.
Les Journaux nous feront savoir ce qu'il en
pensera.

OBSERVATIONS

SUR LES GRANDS CHEMINS,

SUR LES INCONVÉNIENS DES CORVÉES,

ET

SUR CEUX DES VOITURES ORDINAIRES,

Avec les moyens d'y remédier.

*Par M. de G**.*

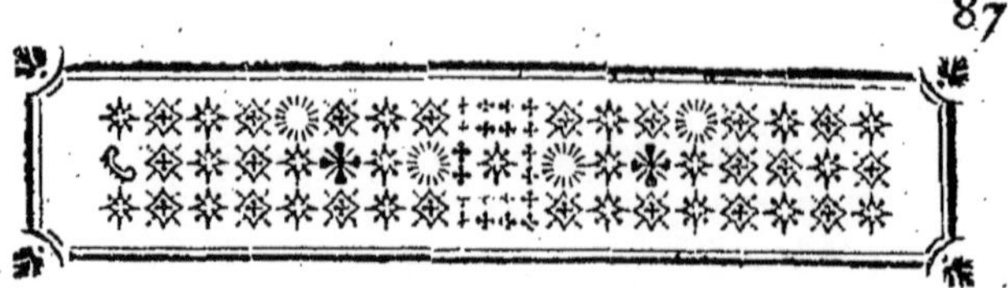

OBSERVATIONS

SUR LES GRANDS CHEMINS,

SUR LES INCONVÉNIENS DES CORVÉES,

ET SUR CEUX

DES VOITURES ORDINAIRES.

LA Ville de Paris s'augmente & s'embellit tous les jours : rien en cela n'eft étonnant. Elle eft le centre & comme le dépôt général des richeffes de la Nation, que produifent le Commerce & l'induftrie des Provinces, qui les y envoient fans ceffe, & qui par-là font cette Capitale ce qu'elle eft. L'opulence, les Beaux-Arts, le fafte & les vices y ont établi leur empire. Ces deux derniers effets du luxe & de la frivolité font la monnoie la plus ordinaire qu'elle donne en échange aux Provinces. Pour entretenir cette correfpondance, on a fait partout de nouvelles routes, & on a rétabli les anciennes, où fe trouvent & la commodité des Voyageurs, & la facilité du tranfport des denrées & autres marchandifes.

Cette conftruction & ce rétabliffement des grands chemins a été la plus belle & la plus utile entreprife du dernier Regne ; mais les

F iv

moyens dont on s'est servi pour l'exécution, ne paroissent pas avoir été des mieux réfléchis, relativement à l'avantage des Provinces & de la Capitale même ; c'est-à-dire, qu'en faisant faire les chemins par la corvée, ç'a été prendre le parti le plus dispendieux, & le plus onéreux au peuple, comme l'expérience l'a fait voir.

Pour s'en convaincre, que l'on considere d'abord combien de personnes prétendent être & sont en effet exemptes de cette espece de servitude, sans autre raison que leur état ou leur bien-être, qui devroit plutôt les y assujettir ; ce qui fait que le poids de la corvée ne tombe que sur les plus misérables, qui fréquentent le moins les grands chemins, & qui ont le plus besoin de tirer parti de leurs travaux.

D'ailleurs, quelle perte ne leur cause-t-on pas, en les obligeant de travailler sans aucune récompense, & en les faisant venir eux & leurs bestiaux quelquefois de plus de deux lieues ! Ils arrivent tard, s'en retournent de bonne heure, & passent ainsi leur temps à se fatiguer par la marche, sans presque rien faire de l'ouvrage, qui par-là n'avance point. On les oblige à y revenir plus souvent pour le finir ; & comme cette manœuvre arrive deux ou trois fois par année, les corvoyeurs sacrifient ainsi plusieurs journées de leurs personnes & de leurs voitures, pour ne faire de travail que ce qu'un ouvrier ordinaire, qui seroit sur les lieux, feroit en un jour.

Cette perte de temps n'est pas la seule qu'on leur occasionne. Ils sont obligés de se déranger de leurs occupations ordinaires, fouvent très-urgentes , & dans des temps précieux aux objets de leurs entreprifes ; ce qui les fait quelquefois manquer , & leur caufe un tort qu'on ne fauroit eftimer. On voit dans des Paroiffes de campagne, que les corvées , foit d'hommes, foit de chevaux ou de bêtes de trait, coûtoient à chaque Communauté autant & plus que fi elles avoient payé 300 liv. en fus de leurs impofitions ; tandis que 50 liv. données à des ouvriers fur les lieux , auroient procuré plus d'ouvrage, que n'avoit fait la corvée de toute une groffe Paroiffe.

Que l'on confidére donc que cet objet n'eft pas de petite conféquence pour une Paroiffe déja chargée de taxes confidérables, qu'elle a peine à payer. Ce fardeau n'eft mis que fur les fimples cultivateurs & artifans de la campagne, c'eft-à-dire, les moins en état de fupporter cette charge, qui eft très-onéreufe dans un Royaume auffi vafte que celui de France. On compte communément 35000 Paroiffes de campagne. Que cela faffe, comme nous l'avons dit, un préjudice de 300 liv. par Paroiffe toutes les années , on trouvera que, pour toutes ces Paroiffes enfemble , cela fait une perte de 10500000 liv., laquelle fait plus que de tripler, fi on l'apprécie fur l'Agriculture & le Commerce, qui en fouffrent d'autant, parce que les cultivateurs & les artifans de campagne, qui créent toutes nos vraies richeffes, ont perdu leur temps à la corvée.

Un Miniftre zélé pour le bien de l'Etat &

le ſoulagement du Peuple, étant Intendant, d'une Province, a ſenti, par l'expérience, tous les inconvéniens des corvées. Il a obtenu du Conſeil qu'il n'y en auroit plus dans ſa Province, que dorénavant on y payeroit tous les travaux des chemins en argent, & que cet argent ſeroit levé ſur les Paroiſſes. Ce moyen eſt bon juſqu'à un certain point. Mais, ſi les perſonnes prépoſées par le Roi pour veiller à ces travaux, ſont en même temps les taxateurs & les diſtributeurs de la finance, n'a-t-on pas à craindre que ce ſoit une porte de plus ouverte aux abus, & que, pour une dépenſe de cinq ſols, on n'en impoſe trente ſur le Peuple, ſans que les chemins en ſoient mieux entretenus ? Tant d'exemples de cette ſorte, tel que l'impôt mis ſur les bateaux à Paris en faveur de la Garre, qui ne ſe finit pas, tandis que l'impôt a toujours lieu, & beaucoup d'autres, forment un préjugé très-déſavantageux à un pareil arrangement.

Il eſt vrai que cela feroit moins de tort au Peuple, que la perte de ſon temps par la corvée actuelle : car enfin perſonne ne gagne, quand un laboureur ou un ouvrier perd ſon temps, ou manque de travailler à l'accroiſſement des richeſſes de la Nation. Le bien qui en ſeroit venu, eſt perdu pour tout le monde : au lieu que l'impôt mis ſur le gain du Cultivateur & de l'Artiſan, en leur en laiſſant une partie pour vivre, fera vivre encore ceux qu'on payera pour travailler aux chemins, & enrichira de plus une infinité de Commis : c'eſt la ſeule différence qu'il y ait entre

la corvée, & l'impôt qu'on y fubftitueroit.
Les chemins feroient faits ou réparés tant bien
que mal ; car les Directeurs & Infpecteurs
les trouveront toujours affez bien, quand ce
feront eux qui régleront & diftribueront les
payemens aux ouvriers.

Non : jamais les ouvrages deftinés à l'ufage
public ne font bien faits, quand celui qui or-
donne, paye ceux qui exécutent : l'intérêt
du particulier prend toujours fur celui du
Public, qui par-là eft mal fervi. Mais, qu'on
diftribue à chaque Paroiffe une certaine étendue de chemin à faire ou à réparer, qui foit
proportionnée aux facultés de fes habitans,
& qu'enfuite on laiffe à ces habitans le foin
de faire leur marché avec ceux qui fe pré-
fenteront pour y travailler ; que ce foit une
entreprife faite publiquement & au rabais,
fous la condition que le Directeur approu-
vera l'ouvrage, lorfqu'il fera fini. La Paroiffe
alors payera l'ouvrier elle-même, en faifant
une répartition de la fomme totale au marc
la livre, non fur les feuls taillables, mais fur
tous ceux qui payent les Vingtiemes. Par ce
moyen, nul n'en fera exempt, tant Noble
que roturier, & chacun payera fa cote-part
de cette charge, qui doit être commune.

On fent bien qu'il pourra toujours y avoir
quelques abus. Un Prépofé, qui ne fera pas
honnête homme, fe laiffera gagner par argent, pour trouver l'ouvrage bien fait, lorfqu'il fera défectueux ; ou il fera de mauvai-
fes difficultés, pour fatiguer l'Entrepreneur
& inquiéter les Paroiffes, & d'autres manœuvres qui peuvent arriver : mais, comme ce

feront des faits faciles à prouver , MM. les
Intendans y tiendront la main ; & celui qui
malverferoit dans ſon poſte , auroit à craindre d'en être caſſé ignominieuſement. Tel eſt
le moyen qu'on propoſe , pour mettre les
chemins en bon état , & le Peuple à l'abri
de la véxation : on defire que de plus clair-
voyans en trouvent un meilleur.

Un autre inconvénient auquel il eſt néceſ-
faire de remédier , par rapport aux grands
chemins , eſt leur dégradation cauſée par les
groſſes voitures qui y roulent , & qui les ren-
dent impraticables en peu de temps. Quelque ſolidité qu'on puiſſe leur donner , ces
voitures , par leur poids énorme & leurs roues
tranchantes , les briſent & les pulvériſent.
C'eſt ce que font principalement les Carroſſes publics & les Voitures de groſſes marchandiſes , dont les roues ſont preſque toutes min-
ces & inciſives dans leur circonférence.

Une Nation voiſine , plus éclairée que nous
ſur ſes véritables intérêts , & qui ne fait rien
ſans en avoir conſidéré les avantages & les
inconvéniens , les Anglois nous ont donné
depuis long-temps ſur ce ſujet un bon exemple à ſuivre. C'eſt de faire les roues de toutes les Voitures publiques & de tranſport de
fardeaux , plus larges , en proportion du poids
que ces Voitures doivent porter.

L'Auteur vient d'en faire l'eſſai , en faiſant
conſtruire une Voiture , qui n'a que trois roues,
deux grandes ſur le derriere , & une troiſieme
plus petite ſur le devant , qui briſe le trait ,
& tourne de droite à gauche ſur elle-même ,
ſans cheville ouvriere , d'une maniere ſolide

'& très-fimple : ce qui facilite de tourner cette Voiture dans les rues les plus étroites, plus aifément qu'on ne fait un Carroffe.

Les jantes des roues ont neuf pouces, & ont double raie ; leur hauteur eft de cinq pieds pour celles de derriere, & de trois pieds & demi pour celle de devant. Cette Voiture porte le poids de fept milliers, tirée par trois chevaux ou quatre bœufs fur des terreins mouvans, comme terres labourées, ou chemins dont les terres font nouvellement remuées. Elle roule avec plus d'aifance fur ces terreins, qu'une Voiture qui a des roues ordinaires avec le double de chevaux & la même charge.

Elle fait plus : en paffant plufieurs fois dans le même endroit, elle applanit le chemin & le rend ferme, fans qu'il y ait trace d'orniere, pourvu qu'on ait foin de faire paffer les roues fucceffivement dans les différens endroits, pour y comprimer la terre également, comme feroient des rouleaux. Elle a de plus l'avantage, par la maniere dont elle eft conftruite, de ne pouvoir verfer auffi facilement que les Voitures actuelles. Toutes les perfonnes qui l'ont vu conftruire, & qui s'étoient imaginé que cette Voiture ne pourroit rouler qu'avec beaucoup de peine, ont été extrêmement furprifes de voir qu'une foible paire de vaches la menoit par-tout, & la faifoit monter par un chemin, dont la pente étoit de plus de fix pouces par toife. Enfin, l'expérience a convaincu tous ceux qui en doutoient, que cette invention eft préférable, à tous égards, à nos Voitures actuelles. L'Auteur eſpere que le Miniſtre protecteur de tout ce qui eſt d'utilité publique en fera faire un eſſai qui fera une preuve authentique.

Elles feront utiles non-ſeulement pour les Voitures des grandes routes, mais même pour voiturer dans les campagnes les terres, les fumiers, les foins, &c. à travers des prés gras ou des terreins mouvans.

Ce feroit un moyen certain, pour empêcher la dégradation des grandes routes, & diminuer les frais de leur entretien, que d'ordonner, ſous peine de confiſcation des chevaux & de la voiture, que tous ceux qui feroient des tranſports de marchandiſes ou matériaux, ſe ſerviroient de Voitures faites, ſuivant ce nouveau ſyſtême, à trois roues, & que celles à deux chevaux auroient leurs roues larges au moins de ſept pouces, celles à trois chevaux de huit pouces, celles à quatre chevaux de neuf pouces, & celles à ſix chevaux de dix pouces ; car ſix chevaux, avec de ſemblables Voitures, en feroient autant, pour le tirage, que dix avec les Voitures ordinaires.

L'avantage de cette invention la fera ſans doute adopter par le Miniſtere, pour ſoulager les Peuples de l'entretien ſi onéreux des grandes routes. Il ne fera pas néceſſaire pour cela que l'on change rien aux Carroſſes & Chaiſes roulantes des particuliers, parce que ce ne font pas ces Voitures qui peuvent endommager beaucoup les chemins & en pulvériſer le ſol, comme font les Voitures de gros fardeaux.

PROPOSITION

A FAIRE

AUX MAITRES DES CARROSSES

ET

DILIGENCES PUBLIQUES

DU ROYAUME.

*Par M. de G**.*

PROPOSITION

PROPOSITION
A FAIRE
AUX MAITRES DES CARROSSES
ET
DILIGENCES PUBLIQUES.

L'Intérêt des Entrepreneurs de Voitures publiques dépendant de la commodité, de la promptitude & du bon marché que l'on trouve dans leur service, il n'est pas douteux qu'ils feroient un plus grand profit, si on leur procuroit le moyen d'avoir des Voitures légeres & solides, qui réunissent tous ces avantages. On leur propose ici le Projet d'une Voiture de cette espece, dans laquelle, par exemple, quatorze personnes seroient placées commodément & sans aucune gêne, qui seroit suspendue par des ressorts doux & lians, capables de garantir de tous cahos & autres secousses, & qui mettroit les voyageurs à l'abri de toutes les injures du temps. Il ne faudroit que quatre chevaux à cette Voiture, pour lui faire parcourir au trot en deux heures de temps trois lieues, ou vingt-cinq lieues en seize heures de course.

G

Suppofons qu'il s'agiffe de la route de Paris à Lyon, l'une des plus fréquentées du Royaume, que l'on fait en fix jours en hiver & en cinq jours en été, par les Diligences actuelles, qui ne contiennent que huit perfonnes, & où chaque perfonne paye cent livres pour tranfport & nourriture. On établiroit pour la nouvelle Voiture fur cette route trente-quatre relais, & de quatre en quatre relais une auberge pour y dîner ou y fouper, qui ferviroit également à la Voiture qui viendroit de Paris, & à celle qui reviendroit de Lyon. Il n'y auroit ainfi que quatre dînées & trois couchées dans toute la route.

On obfervera de plus, que les mêmes chevaux qui auront parcouru les trois premieres lieues en deux heures, pourront aifément, après huit heures de repos, refaire ces trois mêmes lieues, avec une Voiture pareille, pour retourner à la couchée de leur relai, parce qu'ils auront enfuite douze autres heures de repos avant de recommencer la même courfe. Comme il faudra fervir par jour deux Voitures, l'une allante & l'autre revenante, huit chevaux par relai pourroient fuffire au fervice ; mais on en mettra douze, pour plus de fûreté, & afin de pouvoir donner encore du repos aux chevaux de trois jours l'un.

Suivant cet arrangement, il faudra pour 34 relais 408 chevaux forts & vigoureux, mais moins péfans que ceux de la Diligence actuelle. On évalue la nourriture de chaque cheval à 2 liv. par jour. Ce fera tout au plus, lorfqu'on aura foin fur-tout d'acheter en gros les fournitures qui leur ſont néceſſaires ; ainſi c'eſt un objet de dépenſe de 816 livres chaque jour. On eſtime de même que les roues, qui ſont ce qui fatigue le plus à une Voiture, avec le ferrage & les harnois des chevaux, coûteront 80 l. d'entretien par chaque voyage & retour de Lyon à Paris. Ce ſera donc 900 liv. de dépenſe pour les Entrepreneurs.

Mais, s'ils ſe bornent encore à ne prendre que 60 liv. par perſonne, au lieu de 100 liv. pour le tranſport & la nourriture de quatre dîners & trois ſoupers, il eſt à préſumer que le bon marché fera qu'en tout temps cette Voiture ſera remplie de préférence à toute autre. Il pourra y avoir d'ailleurs quatre différentes places ou loges affectées aux perſonnes de marque, leſquelles en donnant dix ſols de plus par repas, pourront ſe faire donner une table ſéparée dans les auberges.

En partant de toutes ces ſuppoſitions, & mettant la nourriture & le coucher à part pour 10 liv., il reſteroit une ſomme de 50 liv. pour les Entrepreneurs par chaque voyageur ; & comme il y auroit quatorze places d'allans & quatorze de venans de Lyon à Paris, cela feroit 1400 liv. ſur quoi déduiſant 900 liv. pour tous frais, il reſteroit une ſomme de 500 liv. quitte & nette aux Entrepreneurs par chaque jour. Car, comme on vient de le dire, le nombre des places ſeroit toujours rempli, ſoit de Paris, ſoit de Lyon ou des autres Villes qui ſont ſur la route, à cauſe du bon marché. On prendroit par relai 2 liv. ſans nourriture, ſi l'on n'alloit qu'à une ou

G ij

deux journées. Ainſi , il feroit de regle que quelqu'un qui voudroit faire 24 lieues dans un jour, payeroit 16 liv. pour le port de ſa perſonne & d'un paquet de dix livres ſeulement.

Il y auroit un Fourgon qui ſuivroit de près la Voiture , ſur lequel on mettroit les malles & autres ballots de gros poids, qu'on voudroit faire partir avec la même Diligence. Cette Voiture porteroit quatre milliers peſant, à raiſon de ſix ſols la livre , comme on paye à préſent , & cela feroit un objet de 1200 liv. Il faudroit à cette Voiture ſix chevaux. Ce feroit d'ailleurs une affaire de calcul ; car quand il y auroit moins de poids, on mettroit moins de chevaux , de même que lorſqu'il y auroit moins de voyageurs dans la Diligence, on y mettroit auſſi moins de chevaux.

En ſuivant ce Projet , il eſt certain que les Entrepreneurs y gagneroient conſidérablement, & que le Public, de ſon côté, y trouveroit un avantage réel pour ſa commodité & le Commerce. Cette facilité de voyager donneroit encore à la Ville de Paris beaucoup plus de gens de Provinces & même d'Etrangers, qui ſe privent ſouvent de venir voir la Capitale, par la cherté du voyage.

Cette propoſition eſt faite par celui qui a l'invention de la Voiture dont eſt queſtion , & qui offre d'en donner aux Entrepreneurs des Carroſſes & Diligences un modéle à un juſte prix. On pourra, à cet effet, s'adreſſer à M. de G**.

F I N.

APPROBATION.

J'Ai lu, par ordre de Monfeigneur le Garde des Sceaux, un manufcrit ayant pour titre : *L'unique Moyen de foulager le Peuple, &c.* Je n'y ai rien trouvé qui m'ait paru contraire à la Religion, ni aux mœurs. À Paris, le 25 Juillet 1775.

CADET DE SAINEVILLE.

PRIVILEGE DU ROI.

LOUIS, PAR LA GRACE DE DIEU, ROI DE FRANCE ET DE NAVARRE. A nos amés & feaux Confeillers, les Gens tenans nos Cours de Parlement, Maîtres des Requêtes ordinaires de notre Hôtel, Grand Confeil, Prévôt de Paris, Baillifs, Sénéchaux, leurs Lieutenans Civils, & autres, nos Jufticiers qu'il appartiendra : SALUT, notre amé le Sr. DE GOYON nous a fait expofer qu'il defireroit faire imprimer & donner au public les Ouvrages qui ont pour titre : *L'unique Moyen de foulager le peuple. Effai fur la théorie du Commerce des Grains. Projet d'utilité & d'ornement pour la Ville de Paris. Obfervations fur les grands Chemins. Propofition à faire aux Maîtres des Carroffes publics, &c.* s'il nous plaifoit lui accorder nos Lettres de Permiffion pour ce néceffaires. A CES CAUSES, voulant favorablement traiter l'Expofant, Nous lui avons permis & permettons par ces Préfentes, de faire imprimer lefdits Ouvrage autant de fois que bon lui femblera, & de les faire vendre & débiter par tout notre Royaume pendant le tems de trois années confécutives, à compter du jour de la date des Préfentes. FAISONS défenfes à tous Imprimeurs, Libraires, & autres perfonnes, de quelque qualité & condition qu'elles foient, d'en introduire d'impreff-

fion étrangere dans aucun lieu de notre obéiffance :
A LA CHARGE que ces Préfentes feront enregiftrées tout
au long fur le Regiftre de la Communauté des Imprimeurs
& Libraires de Paris, dans trois mois de la date d'icelles ;
que l'impreffion defdits Ouvrages fera faite dans notre
Royaume, & non ailleurs, en bon papier & beaux carac-
teres ; que l'Impétrant fe conformera en tout aux Réglemens de la Librairie, & notamment à celui du 10 Avril
1725, à peine de déchéance de la préfente Permiffion ;
qu'avant de l'expofer en vente, le Manufcrit qui aura fervi
de copie à l'impreffion defdits Ouvrages, fera remis dans
le même état où l'Approbation y aura été donnée, ès mains
de notre très-cher & féal Chevalier, Garde des Sceaux de
France, le fieur HUE DE MIROMENIL ; qu'il en fera enfuite remis deux Exemplaires dans notre Bibliothéque publique ; un dans celle de notre Château du Louvre, un
dans celle de notre très-cher & féal Chevalier, Chan-
celier, le fieur DE MAUPEOU, & un dans celle dudit fieur
HÜE DE MIROMENIL : le tout à peine de nullité des Préfentes ; DU CONTENU defquelles vous MANDONS & enjoi-
gnons de faire jouir ledit Expofant & fes ayans caufes,
pleinement & paifiblement, fans fouffrir qu'il leur foit fait
aucun trouble ou empêchement. VOULONS qu'à la copie
des Préfentes, qui fera imprimée tout au long, au commencement ou à la fin defdits Ouvrages, foi foit ajoûtée
comme à l'original. COMMANDONS au premier notre Huif-
fier ou Sergent fur ce requis, de faire pour l'exécution
d'icelles, tous actes requis & néceffaires, fans demander
autre permiffion, & nonobftant clameur de Haro, Charte
normande, & Lettres à ce contraires ; Car tel eft notre
plaifir. DONNÉ à Paris, le trentiéme jour du mois d'Août,
l'an de grace mil fept cent foixante-quinze, & de notre
Regne le deuxième.

PAR LE ROI EN SON CONSEIL.

Signé, LEBEGUE.

Régiftré fur le Regiftre XX de la Chambre Royale &
Syndicale des Libraires & Imprimeurs de Paris, n°. 384.
fol. 11. conformément au Réglement de 1723, qui fait

défenses, article *IV*, à toutes personnes de quelque qualité & condition qu'elles soient, autres que les Libraires & Imprimeurs, de vendre, débiter, faire afficher aucuns livres, pour les vendre en leurs noms, soit qu'ils s'en disent les Auteurs, ou autrement, & à la charge de fournir à la susdite Chambre huit exemplaires, prescrits par l'article 108 du même Réglement. A Paris ce 6 Septembre 1775.

Signé, DEBURE, fils aîné, Adjoint.

www.ingramcontent.com/pod-product-compliance
Ingram Content Group UK Ltd.
Pitfield, Milton Keynes, MK11 3LW, UK
UKHW020648120726
13658UKWH00006B/896